Microdisciplina

Cómo construir un autocontrol inquebrantable, aplastar la procrastinación y alcanzar el éxito a través de pequeños hábitos diarios.

Jordan Cross

Copyright © Jordan Cross 2025 - Todos los derechos reservados.

El contenido de este libro no puede ser reproducido, duplicado ni transmitido sin permiso directo por escrito del autor o del editor.

Bajo ninguna circunstancia se podrá culpar o responsabilizar legalmente a la editorial, o al autor, por cualquier daño, reparación o pérdida monetaria debida a la información contenida en este libro. Ya sea directa o indirectamente. Usted es responsable de sus propias elecciones, acciones y resultados.

Aviso legal:

Este libro está protegido por derechos de autor. Este libro es sólo para uso personal. No puede modificar, distribuir, vender, utilizar, citar o parafrasear ninguna parte ni el contenido de este libro sin el consentimiento del autor o del editor.

Aviso de exención de responsabilidad:

Tenga en cuenta que la información contenida en este documento sólo tiene fines educativos y de entretenimiento. Se ha hecho todo lo posible por presentar una información exacta, actualizada, fiable y completa. No se declaran ni se implican garantías de ningún tipo. Los lectores reconocen que el autor no ofrece asesoramiento jurídico, financiero, médico o profesional. El contenido de este libro procede de diversas fuentes. Consulte a un profesional autorizado antes de poner en práctica las técnicas descritas en este libro.

Al leer este documento, el lector acepta que bajo ninguna circunstancia el autor es responsable de cualquier pérdida, directa o indirecta, que se produzca como resultado del uso de la información contenida en este documento, incluyendo, pero no limitado a, - errores, omisiones o inexactitudes.

Índice

Introducción: Comienza la microrevolución	v
1. El código del sabotaje	1
2. La mentalidad de la micromisión	18
3. El motor sin esfuerzo	33
4. La kriptonita de la procrastinación	46
5. Forjar la voluntad de hierro	59
6. Hábitos invisibles	72
7. El caos como catalizador	82
8. El secreto de escalar	93
9. El marco Forever	105
10. La maestría desatada	117
Conclusiones: El legado de Micro	129
Bonificación: Resumen y microganancias	137
Referencias	145

Introducción: Comienza la microrevolución

¿Y si la autodisciplina no consistiera en esforzarse más, sino en reducir el campo de batalla?

Durante años, se nos ha dicho que la disciplina se basa en la fuerza de voluntad: la capacidad de vencer la resistencia, obligarnos a actuar y luchar contra la procrastinación. Pero, ¿y si el secreto de la autodisciplina no consistiera en esforzarse más, sino en eliminar la fricción que dificulta la acción en primer lugar?

Eso es exactamente lo que descubrió una trabajadora autónoma en apuros cuando su caótica vida llegó a un punto de ruptura.

El hábito de 30 segundos que lo cambió todo

Sarah se estaba ahogando.

Como diseñadora autónoma, no tenía un horario fijo, ni un jefe que le respirara en la nuca, ni una estructura externa que la obligara a ser productiva. Al principio, se sentía libre, hasta que dejó de serlo.

Los plazos se vencen. El trabajo se acumula. Los correos electrónicos quedaban sin respuesta. Los días se convertían en semanas de espirales de culpa improductivas, en las que se prometía a sí misma hacerlo mejor "mañana", solo para encontrarse navegando por las redes sociales o viendo otra serie de Netflix.

Sarah no era perezosa. Se preocupaba por su trabajo. Pero cada vez que se sentaba para empezar un proyecto, su cerebro se resistía. La tarea le parecía abrumadora, había demasiado en juego, la presión era demasiado grande. El peso de todo ello le impedía empezar.

Una noche, de pura frustración, hizo un pequeño cambio. En lugar de obligarse a "empezar a trabajar sin más", se comprometió a algo absurdamente pequeño: abrir un documento en blanco y escribir el título del proyecto.

Eso fue todo.

Sin presiones para terminar nada. Sin expectativas de completar una sección entera. Sólo un primer paso sencillo y sin esfuerzo.

Lo que ocurrió a continuación la sorprendió. En cuanto abrió el documento, la resistencia se desvaneció. Pensó que podría escribir la primera frase. Y luego otra. Al cabo de diez minutos, estaba metida de lleno en su trabajo.

No fue la fuerza de voluntad lo que la puso en marcha. Fue la eliminación de la barrera mental que le impedía empezar. Con el tiempo, aplicó el mismo principio en otros ámbitos:

- En lugar de comprometerse a un entrenamiento completo, se prometió a sí misma una sentadilla.
- En lugar de ocuparse de toda su bandeja de entrada, contestó a un solo correo.
- En lugar de meditar durante veinte minutos, respiró profundamente.

Cada pequeña acción eliminaba la resistencia. Y a medida que acumulaba estas pequeñas victorias, ocurría algo extraordinario: dejaba de esperar la motivación y empezaba a actuar por costumbre.

La productividad de Sarah se disparó, la dilación desapareció y la disciplina se convirtió en algo natural. No por la fuerza. Ni por fuerza de voluntad. Sino a través de un simple cambio de enfoque. De ese cambio trata este libro.

Mi viaje a la autodisciplina

Aún recuerdo el día en que mi hermana menor, Sarah, me sentó y me dijo que estaba preocupada por mí. Sólo era tres años más joven, pero en ese momento se sentía años por delante de mí. Tenía una carrera estable, una vida llena de objetivos y un sentido de la dirección del que yo carecía por completo. Yo tenía 28 años, no tenía trabajo, no tenía rumbo y me ahogaba en un ciclo interminable de videojuegos y… pornografía. Me decía a mí mismo que dejaría esos malos hábitos *mañana*, *pero* el mañana nunca llegaba.

Me había convencido a mí misma de que la vida era injusta, de que estaba condenada a fracasar mientras otros triunfaban. Culpaba al mercado laboral, a la economía e incluso a mi propia mala suerte. Pero en el fondo, sabía la verdad: yo era el problema. Nadie iba a venir a salvarme.

Me di cuenta como un tren de mercancías una noche que me miré al espejo y apenas reconocí a la persona que me miraba. Había malgastado años esperando que llegara la motivación, esperando que algo cambiara mi vida. Pero nada cambió, porque yo no cambié.

Esa fue la noche en que decidí tomar el control. No con grandes propósitos ni planes abrumadores, sino con algo aparentemente sencillo: *una pequeña disciplina diaria*.

Al principio fue doloroso. Levantarme temprano, reducir el tiempo frente a la pantalla, obligarme a *hacer las cosas difíciles* en lugar de holgazanear. Pero con cada pequeño paso adelante, sentía un cambio. Las cadenas que me paralizaban -la dilación, la adicción, las dudas- empezaron a romperse. Empecé a leer sobre hábitos, psicología y autodisciplina. Me comprometí a construir algo, aunque no tuviera ni idea de en qué se convertiría.

Empecé mi primer negocio online de comercio electrónico, no porque lo tuviera todo planeado, sino porque estaba dispuesta a presentarme *cada día* y ponerme a trabajar. El éxito no llegó de la noche a la mañana, pero tampoco el fracaso que me había mantenido estancada durante tanto tiempo. Con el tiempo, la disciplina se convirtió en algo natural. No sólo estaba trabajando en un negocio, estaba reconstruyendo *me a mí misma.*

En la actualidad, no sólo he creado varios negocios en línea de seis cifras, sino que también he empezado a publicar libros para compartir lo que he aprendido. Si hace unos años me hubieras dicho que escribiría un libro sobre la autodisciplina, me habría reído en tu cara. Pero ahora sé de primera mano que el cambio no depende de la fuerza de voluntad ni del talento, sino de la constancia, por pequeños que parezcan los pasos. Mostrarte por ti, por ti mismo, será la decisión más noble que jamás hayas tomado.

Sarah todavía bromea sobre aquella conversación que tuvimos hace años, aquella en la que me sentó y me suplicó que diera un giro a mi vida. Me dice lo orgullosa que está, cómo apenas reconoce a la persona que solía ser. ¿Y sinceramente? Yo tampoco. Porque esa versión de mí ya no existe.

¿La persona que escribe esto? Decidió *ser* el cambio. Y si estás atrapado en tu propio ciclo de dudas y postergación, espero que te des cuenta de que tú también puedes ser el cambio. El propósito de compartir mi historia no es impresionarte. No soy un multimillonario ni un atleta de alto nivel. Sin embargo, he sido capaz de utilizar lo que comparto en este libro para reconstruir mi vida, mirar hacia atrás a quien era hace 5 años y sentirme orgulloso de las decisiones que he tomado.

Sin más preámbulos, descubramos primero el tema de este libro, qué la disciplina significa y cómo puedes aprovechar al máximo este libro para crear el cambio que nunca pensaste que fuera posible para ti.realmente

Tema de este libro

Los grandes objetivos paralizan. Los pequeños pasos liberan.

El cerebro está programado para resistirse a las tareas abrumadoras. Por eso la mayoría de los propósitos de Año Nuevo fracasan a las pocas semanas, porque la gente intenta cambiar su estilo de vida de la noche a la mañana.

En lugar de fijarse objetivos enormes y desalentadores, la solución es reducirlos a su versión más pequeña posible. ¿Quieres escribir un libro? Empieza por escribir una frase. ¿Quieres ponerte en forma? Empieza con un salto de tijera. Cuanto más fácil sea empezar, más probabilidades hay de continuar.

Redefinir la disciplina

La mayoría de la gente ve la disciplina como una forma de castigo, algo desagradable que requiere sufrimiento y sacrificio. Pero la verdadera disciplina es lo contrario. La disciplina no es restricción. Es libertad.

Cuando eres disciplinado:

- Trabajas con eficacia, lo que significa que tienes más tiempo libre.

- Controlas tus hábitos, en lugar de dejar que los impulsos te controlen a ti.
- Reduces el estrés, porque las tareas no se acumulan y se vuelven abrumadoras.

Este libro se basa en una idea simple pero poderosa: *pequeños cambios conducen a resultados masivos*. En lugar de depender de la motivación o de forzarte a trabajar más duro, aprenderás a reprogramar tus hábitos y tu entorno para que la autodisciplina se convierta en algo automático.

Lo que aprenderá:

- Cómo dominar el control de los impulsos utilizando herramientas poco convencionales que hacen que resistirse a las distracciones sea fácil, o al menos mucho más fácil.
- Cómo vencer la procrastinación con un sencillo truco que te obliga a actuar de inmediato.
- Cómo desarrollar hábitos inquebrantables aprovechando la ciencia de la formación de hábitos y los micro triunfos.
- Cómo hacer que la autodisciplina sea automática

Cada capítulo está escrito a partir del anterior, por lo que es muy recomendable leerlo de principio a fin. Incluso si lee algo que le haga pensar "Oh, esto ya lo he leído antes". Me gustaría retarte y preguntarte: "¿Lo estás viviendo?"

Cómo utilizar este libro

Para que estos principios se mantengan, este libro se basa en tres pilares clave que elevarán tu autodisciplina:

- **Mentalidad**: cambiar la forma de pensar sobre la disciplina y la motivación.

- **Mecánica** - Aplicación de técnicas sencillas y eficaces para eliminar resistencias.

- **Dominio** - Afianzar estos cambios para que se conviertan en algo natural.

Cada capítulo termina con una sección llamada "Quick Micro Wins". Cada "Quick Micro Wins" ofrece de 3 a 5 ideas prácticas que puede poner en práctica inmediatamente. Trate este libro como un cuaderno de ejercicios y no como uno que se lee de una sentada y no hace cambios en la vida real. No es sólo un libro que se lee. Es un libro que se usa.

Del caos al control

Este libro está diseñado para ser una transformación, no sólo información. Cada capítulo le ayudará a desbloquear un nuevo nivel de control sobre su tiempo, hábitos y acciones. Con suerte, al final estarás irreconocible, en el mejor de los sentidos. Cuando pases la página, recuerda: *el paso más pequeño es el salto más poderoso.*

Capítulo 1

El código del sabotaje

Tu cerebro es un agente doble. Se supone que debe ayudarte a concentrarte, a ser disciplinado y a tomar decisiones inteligentes. Sin embargo, una y otra vez, te traiciona.

Te dices a ti mismo que te levantarás temprano y harás ejercicio, pero cuando llega la mañana, le das a "snooze". Dejas tiempo para escribir ese informe y, de repente, organizar tu escritorio te parece más urgente. Te marcas un objetivo con la intención de cumplirlo, pero las horas se te pasan mirando el móvil.

No está solo en esta lucha. El cerebro humano, diseñado para sobrevivir, da prioridad a la comodidad frente al desafío, a las recompensas a corto plazo frente a los beneficios a largo plazo y a la seguridad frente al riesgo. Lo que parece pereza o falta de disciplina a menudo no es más que una programación obsoleta, que hace que la productividad parezca antinatural y la dilación inevitable.

Pero el cerebro no es una fuerza inmutable. Los mismos mecanismos que dificultan la disciplina pueden modificarse para que no suponga ningún esfuerzo. La clave está en entender cómo funciona tu mente, reconocer sus trucos y aprender a ponerlos a tu favor.

La biología de la traición

Su lucha contra la disciplina no es un fracaso personal, sino una realidad biológica. El mundo moderno ha evolucionado mucho más rápido que el cerebro humano, lo que nos ha dejado preparados para una forma de vida que ya no existe.

Secuestro de dopamina

¿Por qué tu cerebro prefiere la gratificación instantánea al progreso? Cada vez que te resistes a trabajar y prefieres mirar el móvil o la televisión, tu cerebro está tomando una decisión calculada que favorece el placer a corto plazo frente al éxito a largo plazo.

Esta decisión está controlada por **la dopamina**, un neurotransmisor que impulsa la motivación y refuerza el comportamiento. En un mundo antiguo en el que la supervivencia dependía de aprovechar cualquier oportunidad de comida, cobijo y conexión social, este sistema funcionaba a nuestro favor. Hoy no es así.

La tecnología moderna secuestra este bucle de dopamina, bombardeando recompensas rápidas y fáciles al toque de una pantalla. Redes sociales, servicios de streaming, comida basura, videojuegos. Todas estas normas modernas desencadenan subidas masivas de dopamina sin ningún esfuerzo. El cerebro, programado para buscar la mayor recompensa con el menor esfuerzo, gravita naturalmente hacia estas actividades de alta estimulación.

Por eso te resulta más fácil desplazarte sin parar por las redes sociales que escribir un correo electrónico importante, por eso jugar a un videojuego te apetece más que hacer ejercicio y por eso refrescas la bandeja de entrada en lugar de empezar la tarea difícil que has estado evitando.

¿Cuál es el resultado? El cerebro se ve condicionado a buscar la gratificación instantánea, lo que hace que la autodisciplina se convierta en una ardua batalla.

Para recablear este sistema hay que entender un principio clave: si quieres cambiar tu comportamiento, debes cambiar lo que tu cerebro percibe como gratificante.

La forma más sencilla de conseguirlo es hacer que la productividad sea más satisfactoria de forma inmediata y que las distracciones sean menos accesibles. Reduzca sus objetivos para que las victorias lleguen más rápido, creando pequeñas pero constantes descargas de dopamina que refuercen la disciplina. Establezca barreras entre usted y las distracciones, eliminando la tentación. Y siempre que sea posible, combine las actividades que le gustan con los hábitos que quiere crear -escuchar música mientras hace ejercicio, disfrutar de su café favorito sólo cuando esté inmerso en una tarea- para que su cerebro empiece a asociar el esfuerzo con el placer.

La disciplina no consiste en resistir la tentación con pura fuerza de voluntad. Se trata de diseñar un entorno en el que los buenos hábitos se conviertan en la elección por defecto.

Fatiga de decisión

Cada decisión que tomas a lo largo del día agota tu energía mental. Cuantas más decisiones tomes, más difícil te resultará mantener la autodisciplina.

Por eso, después de un largo día de trabajo, resulta casi imposible preparar una comida sana o ir al gimnasio. Por eso puedes empezar la mañana concentrado y motivado, pero por la tarde te encuentras procrastinando o tomando malas decisiones.

Este fenómeno se conoce como fatiga de decisión. Cuando el cerebro está sobrecargado de opciones, opta por la menos dolorosa, que suele ser la menos productiva.

La solución es reducir la toma de decisiones innecesarias. Cuantas menos decisiones tengas que tomar, más energía mental conservarás para las cosas que de verdad importan.

Muchas de las personas con mayor rendimiento del mundo -directivos, atletas, artistas- utilizan una estrategia conocida como pre-decisión. Eliminan las pequeñas decisiones repetitivas de su vida diaria estableciendo rutinas fijas. Llevan la misma ropa todos los días, desayunan lo mismo y siguen el mismo horario de trabajo. Estas simplificaciones aparentemente menores liberan un enorme ancho de banda mental, lo que facilita la concentración en retos significativos.

Puede aplicar este principio automatizando sus decisiones más frecuentes. Establezca reglas predefinidas para su rutina diaria. Utiliza estrategias del tipo "si-entonces" para eliminar las dudas: si es por la mañana, haz ejercicio; si es fin de semana, lee durante treinta minutos. Elimine las distracciones con antelación para que la decisión de concentrarse ya esté tomada.

Al reducir el número de elecciones que haces cada día, te quedas con más energía para las que realmente cuentan.

La alarma de la amígdala

El cerebro no sólo está programado para buscar el placer, sino también para evitar el dolor.

En el centro de este sistema de evitación se encuentra la amígdala, la parte del cerebro responsable de detectar las amenazas y desencadenar la respuesta de estrés. En el pasado, esta respuesta era necesaria para la supervivencia y nos ayudaba a reaccionar rápidamente ante el peligro. Pero en el mundo actual, juega en nuestra contra.

La amígdala no puede distinguir entre una situación potencialmente mortal y la incomodidad de empezar un proyecto difícil. Sólo sabe que una tarea le resulta abrumadora, desconocida o arriesgada, y responde enviando señales de estrés que le empujan a evitarla.

Por eso dudamos antes de empezar una tarea importante. Por qué aplazamos una llamada importante. Por qué retrasamos la acción incluso cuando sabemos que es lo mejor para nosotros. El cerebro da prioridad a la seguridad y, al hacerlo, hace que la inacción resulte más cómoda que el progreso.

La única forma de anular esta respuesta es reformular la forma en que el cerebro percibe las tareas difíciles. En lugar de centrarte en todo el reto que tienes por delante, concentra tu atención en la acción más pequeña posible. Si tienes que escribir un informe, no te centres en terminarlo, sino en escribir la primera frase. Si tiene que limpiar la casa, no intente terminar todo el trabajo, empiece por recoger una sola cosa.

Al reducir la tarea a algo tan pequeño que ya no provoca resistencia, se evita el sistema de alarma de la amígdala. El cerebro deja de percibir la acción como una amenaza y, una vez que empiezas, el impulso te lleva hacia delante de forma natural.

El miedo se desvanece ante la acción. Lo más difícil siempre es empezar.

Tu cerebro quiere sabotearte, a menos que tomes el control

La mente humana está programada para buscar la comodidad, conservar la energía y evitar el riesgo. Está programada para sobrevivir, no para triunfar. Cada vez que retrasas la acción en favor de la distracción, cada vez que dejas las cosas para más tarde en lugar de avanzar, cada vez que eliges el camino fácil en lugar del correcto, no se trata de falta de disciplina, sino de un defecto biológico.

Buenas noticias: la biología no es el destino. El cerebro es adaptable. Puede recablearse. Cada vez que tomas la sabia decisión de hacer algo que te acerque a tus objetivos, estás recableándolo. Día a día, tu cerebro puede aprender y aprenderá a hacer lo que quieres que haga, cada vez con menos resistencia.

Enemigos medioambientales

La batalla por la autodisciplina no sólo tiene lugar en su mente, sino también en su entorno. Su entorno es un aliado o un enemigo en su búsqueda de concentración, productividad y constancia. Y la mayoría de las veces, está trabajando en tu contra.

Cuando las personas tienen problemas de disciplina, suponen que el problema es interno. Creen que necesitan más fuerza de voluntad, más motivación o una mentalidad mejor. Pero, en realidad, su entorno determina sus hábitos mucho más de lo que creen.

Un espacio desordenado aumenta la fricción mental. Las constantes interrupciones digitales fracturan la concentración. Las personas de las que te rodeas refuerzan la disciplina o fomentan la distracción.

Si alguna vez te has sentado a trabajar y te has sentido abrumado por el desorden que te rodeaba, has cogido el móvil por costumbre o has dejado que la negatividad de otra persona te desviara del camino, habrás comprobado hasta qué punto el mundo exterior influye en el comportamiento interior.

La disciplina no sólo tiene que ver con los hábitos personales, sino también con el diseño del entorno. Cuanto más fomente tu entorno los hábitos productivos que te impulsan a seguir adelante, menos esfuerzo necesitarás para mantenerte en el buen camino.

Cuando su espacio juega en su contra

Un entorno desordenado es algo más que una cuestión estética. Los estudios demuestran que los espacios desordenados aumentan el estrés, reducen la concentración y dificultan la realización de tareas.

Cuando el entorno es caótico, al cerebro le cuesta establecer prioridades. Cada objeto de tu campo de visión compite por tu atención, lo que crea una fatiga mental subconsciente. Cuantas más distracciones tenga que filtrar tu cerebro, más difícil te resultará centrarte en el trabajo que tienes delante.

Un estudio realizado en la Universidad de Princeton descubrió que el desorden físico en un espacio de trabajo restringe la capacidad del cerebro para concentrarse y limita la capacidad de procesamiento. Cuanto más desorganizado esté el entorno, más esfuerzo tendrá que hacer el cerebro para mantenerse concentrado.

Esto explica por qué sentarse ante un escritorio desordenado hace que incluso las tareas más sencillas resulten abrumadoras. No se trata solo de estar desordenado, sino de cómo reacciona el cerebro ante ese desorden.

En lugar de esforzarte por conseguir un espacio perfectamente minimalista de la noche a la mañana, empieza por algo pequeño. Antes de empezar una tarea, despeje sólo un centímetro de su espacio de trabajo. Mueve un libro, una taza de café o una pila de papeles. Limpia una pequeña parte de tu escritorio. Aparta todo lo que tengas a la vista.

Este pequeño acto crea un restablecimiento visual que indica al cerebro que se está produciendo un cambio de enfoque. A menudo, esta pequeña acción provoca un efecto dominó: una vez que empiezas, ordenas un poco más de forma natural. Y con un espacio más despejado llega una mente más despejada.

Al principio de su carrera, el famoso chef Thomas Keller luchaba contra la desorganización en la cocina. Su puesto estaba a menudo desordenado y, al final de su turno, el desorden era abrumador. Le ralentizaba, hacía que las tareas le parecieran más caóticas y le dejaba mentalmente agotado. Su mentor, Roland Henin, le presentó una regla sencilla pero transformadora: "Limpia sobre la marcha".

Antes de picar otro ingrediente, limpió su tabla. Antes de pasar a una nueva tarea, ponía todo en su sitio. El resultado fue inmediato. No sólo mejoró su velocidad y eficacia, sino que también se dio cuenta de que estaba menos agotado mentalmente al final de su turno. El principio fue tan poderoso que Keller lo convirtió en una filosofía básica en sus propios restaurantes. La lección se aplica más allá de la cocina. Cuando tu espacio está organizado, tu mente te sigue.

El ladrón invisible del tiempo

Si el desorden es el enemigo físico de la disciplina, el teléfono es su equivalente digital.

El mundo moderno está diseñado para la interrupción. Cada pitido, alerta o vibración exige atención, desconcentra y reduce la productividad. La persona media consulta su teléfono 150 veces al día, a menudo sin darse cuenta. **150 veces.**

Estas distracciones no sólo consumen tiempo, sino que destruyen la concentración. Una investigación de la Universidad de California, Irvine, descubrió que cuando los trabajadores son interrumpidos, tardan una media de 23 minutos y 15 segundos en volver al trabajo en profundidad. Multiplícalo por un día y el coste es asombroso.

El problema no son sólo las notificaciones externas, sino el hábito que crean. Incluso cuando no suena ninguna alerta, muchas personas consultan por reflejo el teléfono, las redes sociales o la bandeja de entrada, condicionadas por años de distracciones.

La forma más eficaz de combatir las distracciones digitales es crear una burbuja de silencio: un espacio protegido donde las interrupciones externas no puedan alcanzarte. Desactiva por completo las notificaciones. Ni banners, ni sonidos, ni burbujas rojas. Establece "horas de concentración" en las que pongas el teléfono en otra habitación. Fuera de la vista, fuera del alcance. Utiliza bloqueadores de aplicaciones para evitar el desplazamiento sin sentido. Establece restricciones para las redes sociales y las aplicaciones de entretenimiento durante las horas de trabajo.

Sin embargo, el cambio más importante es interno. Cada vez que te resistes a una llamada innecesaria, refuerzas el control sobre tu atención.

En 2012, el capitalista de riesgo y escritor Tim Ferriss se dio cuenta de que su productividad había sufrido un duro golpe. Se sentía disperso, abrumado e incapaz de concentrarse durante mucho tiempo. Tras reflexionar un poco, descubrió que el problema estaba en su smartphone. Correos electrónicos, notificaciones y mensajes atraían su atención en docenas de direcciones cada día.

Su solución fue drástica pero eficaz. Desactivó todas las notificaciones del teléfono, consultó el correo electrónico sólo dos veces al día e implantó "bloques de trabajo sin teléfono". Los resultados fueron inmediatos. Aumentó su capacidad de trabajo en profundidad, bajaron sus niveles de estrés y descubrió que el trabajo que antes le llevaba cuatro horas ahora le llevaba dos.

El experimento de Ferriss pone de relieve una verdad esencial: nuestros dispositivos no sólo nos roban tiempo; nos roban presencia. Cuanto más controles el impulso de mirar el móvil, más recuperarás el control sobre tu mente.

Saboteadores sociales

La distracción es contagiosa, pero también lo es la disciplina.

Las personas de las que te rodeas influyen en tus hábitos más de lo que crees. Si tus amigos, familiares o compañeros procrastinan, se quejan o se distraen constantemente, esos comportamientos se normalizan.

Es lo que se conoce como "reflejo social", la tendencia subconsciente a adoptar los comportamientos de quienes nos rodean. Al igual que las personas adoptan de forma natural los acentos cuando viven en un nuevo país, también adoptan los hábitos y la mentalidad de su entorno.

Si pasas tiempo constantemente con personas que dan prioridad al crecimiento, la disciplina y la superación personal, su mentalidad se te contagiará. Si pasas tiempo con personas que ponen excusas, se entregan a la negatividad o evitan el trabajo duro, esos hábitos también se filtrarán en tu comportamiento.

Esto no significa apartar a todo el mundo de tu vida, sino ser consciente de a quién permites entrar en ella. Imagínese a un fumador que intenta dejar de fumar y, sin embargo, 5 de sus mejores amigos con los que pasa horas todos los días son fumadores. ¿Qué probabilidades hay de que *realmente* deje de fumar?

Tómate un momento para evaluar a las personas con las que más te relacionas. ¿Quién fomenta tus mejores hábitos? ¿Quién refuerza involuntariamente los malos hábitos o las distracciones? ¿Con quién te sientes lleno de energía e inspiración? ¿Con quién te sientes agotado y desmotivado?

Una vez que identifiques estos patrones, haz ajustes pequeños pero significativos. Pase más tiempo con las personas que refuerzan sus objetivos. Busque compañeros que le rindan cuentas, mentores o comunidades que se alineen con los hábitos que desea crear. Pasa menos tiempo con quienes te distraen, te hacen sentir negativo o son incoherentes. Si es posible, aléjate de esas personas. Es una verdad dura pero de sentido común. Nos convertimos en aquello de lo que nos rodeamos.

Cuando el conferenciante motivacional Jim Rohn empezó en el mundo de los negocios, estaba rodeado de personas que carecían de ambición. Ponían excusas, evitaban el trabajo duro y desechaban la idea de la superación personal. Entonces conoció a un mentor que le presentó un principio eterno: **"Eres la media de las cinco personas con las que pasas más tiempo"**.

Tomándose en serio este consejo, fue cambiando poco a poco su círculo íntimo. Pasó más tiempo con personas de éxito y disciplinadas y cortó los lazos con quienes le frenaban. El efecto fue profundo. Su vida cambió, su ética de trabajo mejoró y su negocio despegó.

La experiencia de Rohn nos recuerda que la disciplina no es sólo un esfuerzo individual, sino que viene determinada por las personas que nos rodean.

Su entorno es su base

La autodisciplina se presenta a menudo como una lucha interna, pero gran parte de ella viene dictada por factores externos. Un espacio desordenado crea una resistencia innecesaria. Las distracciones digitales fracturan la atención. Las influencias sociales refuerzan los hábitos, para bien o para mal. Ninguna de estas fuerzas es fija. Todas pueden modificarse.

Cuando cambias tu entorno, cambias tu comportamiento. Y cuando la disciplina se convierte en la opción por defecto en lugar de la difícil, el éxito llega sin esfuerzo.

Travesuras mentales

La batalla por la disciplina no sólo se libra en tu entorno, sino también en tu mente. Aunque elimines las distracciones, diseñes un espacio productivo y te rodees de las personas adecuadas, aún queda un obstáculo importante: tus propios pensamientos.

Tu mente puede ser tu mejor aliada o tu peor enemiga. Puede hacerte avanzar o frenarte. Y a menudo hace lo segundo.

Tu forma de pensar sobre la disciplina, el éxito y el fracaso determina tu grado de constancia. El perfeccionista que espera el momento "adecuado" nunca empieza. El autocrítico que duda de sus capacidades se rinde demasiado pronto. La persona consumida por la comparación pierde la motivación antes de empezar.

Tus pensamientos dan forma a tus acciones. Si no los controlas, sabotearán tu progreso antes incluso de que empieces.

La paradoja de la perfección

Si alguna vez has pospuesto empezar algo porque no estabas "preparado" -porque necesitabas más tiempo, mejores habilidades o las condiciones adecuadas-, has caído en la trampa de la perfección.

El perfeccionismo se disfraza de nobleza. Te hace sentir que eres exigente, que no te conformas con la mediocridad. Pero, en realidad, el perfeccionismo no es más que procrastinación bien disfrazada. Te mantiene en un ciclo de pensar demasiado, evitar y retrasar.

El cerebro juega una mala pasada cuando se trata de perfeccionismo. Te dice que necesitas más preparación antes de empezar. Pero la verdad es que **uno no se prepara esperando, sino haciendo.**

Pensemos en Leonardo da Vinci, uno de los mayores artistas e inventores de la historia. Tenía la costumbre de retrasar los proyectos, obsesionado con perfeccionar cada detalle. Su obra más famosa, la *Mona Lisa*, tardó cuatro años en pintarse y, aun así, nunca la consideró realmente terminada. Algunos de sus otros proyectos nunca llegaron a completarse. Aunque su genio era innegable, su perfeccionismo a menudo frenaba su progreso.

Contrasta con Pablo Picasso, que produjo más de 50.000 obras de arte a lo largo de su vida. Entendió que crear obras imperfectas era la clave del crecimiento. En lugar de estancarse en un proyecto, se centró en el volumen, confiando en que la maestría surgiría a través de la repetición.

¿La lección? **Lo hecho supera a lo perfecto.** Aunque ambos son genios a su manera, la mayoría de nosotros nunca tendremos el talento innato de Leonardo. Nuestra mejor apuesta sería ser tan implacables como Picasso. La mejor manera de mejorar es empezar antes de sentirse preparado.

El truco del comienzo desordenado

Si luchas contra el perfeccionismo, la solución es sencilla: baja el listón.

Empieza por darte permiso para crear algo *malo*. Escribe un primer borrador terrible. Haz un boceto tosco e inacabado. Empieza el entrenamiento con sólo cinco minutos de movimiento. El objetivo es el impulso, no la maestría.

Una vez que empiezas, la resistencia de tu cerebro disminuye. El perfeccionismo pierde fuerza. Y antes de que te des cuenta, habrás dado el primer paso hacia el progreso.

. . .

Trampas de la autoconversación

La forma en que te hablas a ti mismo determina tu grado de disciplina.

Los estudios demuestran que el 80% de los pensamientos son autocríticos. Una locura, ¿verdad? Tu voz interior te juzga, duda y cuestiona constantemente. Te dice que no eres lo suficientemente disciplinado, inteligente o capaz. Con el tiempo, esta autocrítica crea una barrera mental que te impide siquiera intentarlo.

Los atletas, los artistas y los triunfadores conocen el poder de la autoconversación. Muhammad Ali no sólo entrenó su cuerpo, sino también su mente. Repetía constantemente: "Soy el más grande", mucho antes de tener los títulos que lo demostraran. Sus palabras dieron forma a su realidad.

Por el contrario, quienes se dicen a sí mismos: "Soy malo en esto" o "Nunca cumplo", refuerzan esas identidades. El cerebro escucha lo que decimos repetidamente y ajusta nuestro comportamiento en consecuencia.

Si quieres crear disciplina, tienes que elevar el nivel de tu diálogo interno.

Cambiar el discurso negativo

En lugar de decir:

- "No soy disciplinado". → Di: "Estoy aprendiendo a ser disciplinado cada día".
- "Siempre lo dejo para más tarde". → Di: "Estoy trabajando para pasar a la acción antes".
- "Nunca acabo lo que empiezo". → Di: "Sigo más de lo que solía".

La clave está en los cambios sutiles. Tu cerebro no creerá una mentira radical, pero aceptará una pequeña mejora progresiva. Tus palabras se convierten en tu identidad. Elígelas con cuidado.

Cuando estaba sumida en mis adicciones, tuve que por completo desarraigar mis pensamientos negativos y desalentadores. Un mantra que repetí docenas, si no cientos, de veces todos los días durante cientos de días seguidos es "Lo hago AHORA". "Lo hago AHORA" me empujaba a hacer más, a presionar más, a resistir un poco más, a persistir un poco más. El "lo hago AHORA" me ha funcionado muy bien por la frecuencia con la que retraso las cosas. Encuentra tu propio mantra.

El timo de la comparación

Nada mata más rápido la disciplina que comparar tus progresos con los de los demás.

Las redes sociales lo han empeorado. Ves a gente que alcanza grandes logros -compra de casas, ascensos, viajes por el mundo- mientras tú te sientes estancado. El cerebro lo interpreta como una prueba de que te estás quedando atrás.

Pero la comparación es una ilusión. Lo que ves es sólo lo más destacado, no la lucha entre bastidores. No ves los madrugones, los fracasos, las dudas y los sacrificios que condujeron a esos momentos de éxito.

El músico Ed Sheeran contó una vez que cuando empezó a escribir canciones era *terrible*. Sus primeras letras eran embarazosas, sus melodías torpes. Pero siguió escribiendo y produjo cientos de canciones hasta que mejoró. Si al principio se hubiera comparado con artistas más consagrados, quizá se habría rendido. En lugar de eso, se centró en su propio progreso.

. . .

Cómo mantenerse centrado en su propio camino

Si te sorprendes a ti mismo comparando, céntrate en ti mismo. En lugar de compararte con el viaje de otra persona, mídete con tu **pasado**.

- ¿Es usted más disciplinado hoy que el año pasado?
- ¿Te muestras más coherente contigo mismo?
- ¿Está haciendo pequeñas mejoras, aunque aún no sean visibles?

El único camino que importa es el tuyo. Concéntrate en él.

Microganancias rápidas

La disciplina no se construye de la noche a la mañana, pero las pequeñas victorias se convierten en cambios duraderos. Para aplicar todo lo que has aprendido en este capítulo, empieza con estas cinco acciones:

1. **Elimine una única distracción ambiental.**
   Elimina de tu espacio de trabajo cualquier elemento que contribuya al desorden o la fatiga mental: despeja tu escritorio, desactiva las notificaciones o traslada tu teléfono a otra habitación mientras trabajas.
2. **Divida un gran objetivo en una microacción.** Si has estado posponiendo algo, redúcelo a una tarea tan pequeña que te resulte fácil empezar. En lugar de "escribir un capítulo", comprométete a escribir una frase. En lugar de "empezar a hacer ejercicio", comprométete a hacer una flexión.
3. **Reformule un pensamiento autodestructivo.**
   Deténgase en un bucle mental negativo y sustitúyalo por

una frase que refuerce el progreso. Cambia "lo haré mañana" por "lo hago AHORA".
4. **Haz una desintoxicación digital de 24 horas.** Si tu teléfono o las redes sociales están secuestrando tu atención, elimina la tentación durante un día entero. Observa cómo afecta a tu claridad mental y a tu capacidad de atención.
5. **Haz una auditoría de tu círculo.** Identifica a las personas de tu vida que influyen en tu disciplina. ¿Quién te empuja hacia delante? ¿Quién te frena? Haz un esfuerzo intencionado por pasar más tiempo con quienes refuerzan tus mejores hábitos.

Cada una de estas acciones lleva minutos, pero su impacto dura mucho más.

La disciplina no consiste en esforzarse más, sino en eliminar fricciones, reprogramar la mentalidad y prepararse para el éxito incluso antes de empezar. Ahora que conoces las fuerzas que sabotean tu progreso, es hora de retomar el control.

Capítulo 2

La mentalidad de la micromisión

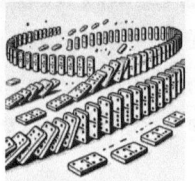

Una sola flexión cambió la vida de Stephen Guise. No formaba parte de un plan de entrenamiento intenso. No había presión ni expectativas de transformación. Simplemente se dijo a sí mismo que haría una flexión. Y ya está. Al día siguiente, hizo otra. Luego otra. Pronto, una flexión se convirtió en cinco. Luego diez. Luego veinte. Un año después, su rutina de ejercicios era tan natural como lavarse los dientes.

¿Qué hizo que este enfoque fuera tan poderoso? Nunca se centró en el objetivo a largo plazo. Nunca se dijo a sí mismo que tenía que "ponerse en forma" o "ganar músculo". Sólo se comprometía a realizar una pequeña acción cada día.

La mayoría de la gente aborda la disciplina de forma equivocada. Se fijan metas grandes y abrumadoras -perder 15 kilos, escribir una novela, levantarse a las 5 de la mañana todos los días- y luego luchan cuando la motivación se desvanece. Creen que la autodisciplina consiste en forzarse a superar la resistencia. Pero la verdad es que el cerebro se resiste a todo lo que le parece demasiado grande, demasiado difícil o demasiado incierto.

La clave de una disciplina duradera no es la fuerza de voluntad. Es el impulso. Y el impulso empieza poco a poco.

La mentalidad de la micromisión consiste en reducir tus objetivos hasta que sean demasiado pequeños para fracasar. En lugar de centrarte en grandes resultados, te centras en acciones pequeñas y constantes. En lugar de esperar a la motivación, creas un sistema que te mantiene en movimiento, por pequeños que sean los pasos.

Los pequeños cambios conducen a transformaciones masivas.

El poder de lo diminuto

El mayor enemigo de la disciplina es *la resistencia*. Cuando una tarea parece demasiado grande, el cerebro desencadena el estrés, lo que conduce a la procrastinación. ¿El truco para superarlo? Las microtareas.

En la ciencia del comportamiento, esto se denomina **principio de "baja fricción", es decir, la** idea de que si algo te parece que no requiere esfuerzo, es más probable que lo hagas. Una vez que te pones en acción, aunque sea el paso más pequeño, el impulso se apodera de ti.

Cuando el autor James Clear estudió la formación de hábitos, descubrió que un hábito debe ser lo más fácil posible al principio - menos de dos minutos- para ser sostenible. Lo llamó la Regla de los Dos Minutos: si quieres crear un hábito, haz que el primer paso sea ridículamente fácil. ¿Quieres empezar a leer más? Lea una frase. ¿Quiere meditar a diario? Siéntate diez segundos. ¿Quieres correr una maratón? Ponte las zapatillas de correr.

Cuanto más fácil es la acción, más fácil es empezar. Y una vez que empiezas, el cerebro quiere continuar de forma natural.

El seleccionador británico de ciclismo, Dave Brailsford, utilizó este principio para transformar el equipo ciclista británico. En lugar de revisar todo a la vez, buscó pequeñas **mejoras del 1%**, ajustando la posición del asiento, optimizando la nutrición y mejorando la calidad del sueño. Cada mejora era menor, pero juntas aumentaban enormemente el rendimiento. En cinco años, los ciclistas británicos dominaron los Juegos Olímpicos.

Las pequeñas victorias, repetidas sistemáticamente, crean resultados exponenciales.

Si tienes problemas de disciplina, no pienses en el objetivo final. Piensa en la acción más pequeña que puedas realizar. Escribe una frase. Haz una flexión. Ahorra un dólar. Un solo paso es todo lo que necesitas para empezar a coger impulso.

El efecto compuesto

Una mejora del 1% no parece mucho. Apenas se nota. Pero con el tiempo, las pequeñas mejoras se convierten en resultados que cambian la vida.

Imagina que mejoras un 1% cada día. Al principio, no parece gran cosa. Pero gracias al poder de la capitalización, al cabo de un año no será sólo un poco mejor. Serás 37 veces mejor que al principio.

El problema es que la mayoría de la gente quiere resultados instantáneos. Esperan un progreso masivo en cuestión de días y, cuando no lo ven, abandonan. Pero el verdadero éxito sigue una curva exponencial: lento, lento, lento... y luego, de repente, enorme.

La mayoría de la gente abandona justo antes de su gran avance. Plantan la semilla, pero no se quedan el tiempo suficiente para verla crecer.

La mentalidad de la micromisión 21

Warren Buffett, uno de los hombres más ricos del mundo, no se hizo multimillonario de la noche a la mañana. Empezó a invertir a los 11 años. Durante décadas, su patrimonio neto creció lentamente. A los 52 años, su patrimonio ascendía a 376 millones de dólares.

Entonces apareció la capitalización. A los 60, valía 3.800 millones de dólares. A los 70, 36.000 millones. Hoy vale más de 100.000 millones. La mayor parte de su fortuna llegó después de los 60, no porque hiciera cambios drásticos, sino porque permitió que la magia de la capitalización se produjera con el tiempo.

La constancia gana a la intensidad. Una mejora del 1% hoy no parece gran cosa, pero con el tiempo, lo cambia todo.

Por qué los grandes objetivos te hacen abandonar

El cerebro se resiste a los objetivos grandes y vagos. "Ponerse en forma", "ser más productivo" o "montar un negocio" suenan muy bien en teoría, pero en la práctica abruman al cerebro.

El neurocientífico Dr. BJ Fogg descubrió que es más probable que las personas se adhieran a un hábito cuando empiezan por algo pequeño, tan pequeño que la resistencia desaparece. A esto lo llamó "Hábitos diminutos".

Cuando uno de sus alumnos quiso empezar a utilizar el hilo dental a diario, Fogg le dijo que lo hiciera en un solo diente. Nada más. Sin presiones para hacer más. En pocas semanas, el hábito se extendió de forma natural.

La misma estrategia sirve para cualquier objetivo. Si algo te parece abrumador, redúcelo hasta que te parezca fácil.

Un estudiante universitario con problemas con las tareas siempre se sentía demasiado abrumado para empezar. Los plazos se acercaban, pero las tareas le parecían demasiado grandes. Entonces cambió de planteamiento. En lugar de pensar: *"Tengo que terminar esta redacción entera"*, se fijó una micro-misión: *Escribiré una frase.*

La resistencia desapareció. Escribir una frase era fácil. Una vez escrita la primera frase, la siguiente surgió de forma natural. Sin darse cuenta, ya estaba metido de lleno en la tarea.

Este método, llamado la **regla del mordisco único**, sirve para todo.

- No limpies toda la casa, lava sólo un plato.
- No leas un libro entero, lee sólo un párrafo.
- No corras una milla, trota diez segundos.

Al reducir la tarea, eliminas los obstáculos mentales que te impiden pasar a la acción.

Pequeños pasos, grandes saltos

La disciplina no consiste en obligarse a trabajar más. Se trata de hacer que la acción se sienta sin esfuerzo.

El secreto de la constancia no es la motivación. Es reducir la resistencia para que actuar resulte fácil.

Si has tenido problemas de disciplina en el pasado, no es porque seas débil o perezoso. Es porque el objetivo era demasiado grande. El truco está en empezar por algo tan pequeño que el fracaso sea imposible.

Una frase. Una flexión. Una acción cada vez.

El éxito no se construye en un día, pero sí a diario. Y siempre empieza con algo pequeño.

Redefinir la ambición

La mayoría de la gente cree que el éxito requiere un esfuerzo enorme, una disciplina extrema y una fuerza de voluntad implacable. Se fijan objetivos ambiciosos: correr una maratón, escribir un libro, crear un negocio próspero... y luego luchan contra el peso de sus propias expectativas.

El problema no es su ambición. Es la escala de su punto de partida.

Los grandes objetivos crean una gran resistencia. Desencadenan ansiedad, vacilación y exceso de pensamiento. El cerebro ve una montaña y se paraliza, inseguro de por dónde empezar.

Pero, ¿y si la ambición no consiste en fijarse metas más grandes? ¿Y si se trata de fijarse metas más pequeñas, tan pequeñas que el éxito sea inevitable?

Esta es la paradoja de los grandes logros: las personas que más consiguen no empiezan con saltos masivos. Empiezan con pequeños pasos que se acumulan con el tiempo.

La estrategia de la contracción

Tim Ferriss, autor del bestseller *La semana laboral de 4 horas*, compartió una vez su secreto para escribir libros: nunca se propone escribir un libro. En lugar de eso, escribe *dos páginas al día*.

Eso es. Sin presiones para crear una obra maestra. Sin el abrumador objetivo de escribir 300 páginas. Sólo dos páginas imperfectas, cada día.

Al reducir el objetivo, elimina la resistencia. Dos páginas parecen fáciles, casi demasiado fáciles. Pero esas páginas se acumulan. Después de 150 días, tiene un manuscrito de 300 páginas.

Este enfoque sirve para todo.

Brandon Sanderson, prolífico autor de fantasía, sigue un método similar. En lugar de presionarse a sí mismo para escribir capítulos completos, se fija un objetivo diario de tan sólo 50 palabras, ni 500 ni 1.000. Tan sólo 50. Sólo 50.

La mayoría de los días escribe mucho más. Pero incluso en los días más difíciles, alcanza su objetivo. En un año, su libro está terminado.

Cuando reduces tus objetivos a una décima parte de su tamaño, ocurren dos cosas:

1. La tarea parece demasiado pequeña para resistirse.
2. La coherencia se convierte en algo automático.

Los progresos pequeños y constantes son mucho más poderosos que los estallidos de motivación. Si un objetivo te intimida, redúcelo. En lugar de:

- "Necesito escribir un libro" → Escribir 50 palabras al día
- "Necesito hacer ejercicio a diario" → Haz una flexión de brazos
- "Necesito empezar un negocio paralelo" → Trabajar durante cinco minutos.

Menos es más en autodisciplina. Y lo pequeño siempre vence a lo estancado.

La bola de nieve del éxito

El éxito es adictivo.

Cada vez que completa una tarea, por pequeña que sea, su cerebro libera dopamina, el neuroquímico de la motivación. Esto crea un potente bucle de retroalimentación: **el progreso te hace sentir bien, así que quieres seguir adelante.**

Por eso la gente se engancha a los videojuegos. Los juegos están diseñados para ofrecer pequeñas victorias constantes: subir de nivel, desbloquear recompensas, avanzar hacia el siguiente hito. El cerebro ansía estas victorias.

Puedes utilizar esta psicología a tu favor creando un *registro de victorias, una* forma sencilla de registrar cada pequeño éxito.

Jordan Syatt, preparador físico y ex campeón de powerlifting, entrenó una vez a una clienta llamada Emily, que llevaba años luchando por perder peso. Todas las dietas que probaba le resultaban abrumadoras. Todos los planes de entrenamiento le parecían insostenibles.

Así que cambiaron su enfoque.

En lugar de obsesionarse con perder 45 kilos, Emily se fijó en los pequeños logros: beber un vaso más de agua, caminar cinco minutos o comer una comida sana. Cada pequeña victoria le daba confianza. Cada éxito reforzaba su identidad como persona disciplinada. Con el tiempo, su impulso se convirtió en una bola de nieve. Y al final, perdió peso, no porque se obligara a ser "perfecta", sino porque creó un sistema en el que las victorias eran inevitables.

La misma estrategia se aplica a cualquier objetivo.

Antes de que Ed Sheeran se convirtiera en uno de los músicos más vendidos del mundo, era un adolescente desconocido en el Reino Unido que intentaba mejorar sus composiciones. Al principio, sus letras eran toscas, sus melodías estaban sin pulir. En lugar de esperar a sentirse "preparado", se centró en un objetivo: escribir una canción al día.

La mayoría eran terribles. Pero siguió adelante. Con el tiempo, sus composiciones mejoraron. Su confianza creció. Tocó en conciertos pequeños y luego en otros más grandes. Grabó música, se hizo con un público y, finalmente, su carrera despegó.

No esperó a tener motivación. No se propuso escribir una canción de éxito de la noche a la mañana. Simplemente siguió la pista de sus pequeñas victorias y dejó que cobraran impulso.

Si quieres que la disciplina no te suponga ningún esfuerzo, registra tus victorias. Cada pequeña victoria refuerza la creencia de que estás progresando, y nada alimenta la constancia como el éxito visible.

El Escudo Antiabrumamiento

Uno de los mayores errores que comete la gente cuando busca la autodisciplina es intentar hacer demasiadas cosas a la vez.

La multitarea, las listas de tareas sobrecargadas y las expectativas poco realistas crean estrés, no progreso.

La ciencia es clara: la multitarea reduce la eficiencia, aumenta los errores y quema el cerebro. Investigadores de la Universidad de Stanford descubrieron que las personas que realizan varias tareas a la vez son **un 40% menos productivas** que las que se centran en una sola.

En lugar de intentar hacer todo a la vez, las personas de alto rendimiento se centran en *una sola tarea*. No intentan hacer diez cosas a la vez. Se centran en una tarea clara y específica y le dedican toda su atención.

La mayoría de la gente intenta hacer malabarismos con todo y, como resultado, no consigue nada. El secreto del éxito sostenible es la concentración implacable.

Si quieres evitar el agotamiento, adopta la *mentalidad de la micromisión*:

- En lugar de "necesito ser más productivo", concéntrese en completar una tarea importante hoy.

- En lugar de "tengo que ponerme en forma", céntrate en hacer un entrenamiento esta semana.
- En lugar de decir "tengo que cambiar mi vida", céntrate en cambiar un pequeño hábito cada vez.

Una misión clara y centrada cada vez. Esa es la clave del éxito a largo plazo.

Lo pequeño es sostenible y lo sostenible es imparable

La mayoría de la gente sobrestima lo que puede hacer en un día y subestima lo que puede hacer en un año. Se fijan objetivos demasiado ambiciosos, intentan hacer demasiadas cosas a la vez y se agotan antes de progresar realmente.

La mentalidad de micromisión invierte esta ecuación.

Al reducir tus objetivos, hacer un seguimiento de las pequeñas victorias y centrarte en una pequeña misión cada vez, eliminas la resistencia, cobras impulso y haces que el éxito sea inevitable.

No necesitas más disciplina. Necesitas un sistema que facilite la disciplina. Empieza poco a poco. Sea constante. Deja que los resultados lleguen por sí solos.

Cómo conseguirlo

Empezar es una cosa. Otra es perseverar.

A la mayoría de la gente no le cuesta pasar a la acción una vez, sino pasar a la acción *de forma constante*. Cobran impulso durante unos días, incluso unas semanas, pero luego la vida se interpone en su camino. Un día ajetreado les despista. La motivación se desvanece. Antes de que se den cuenta, vuelven al punto de partida, preguntándose por qué su disciplina nunca dura.

No es un fallo personal. Es un fallo del sistema.

Para la mayoría, los hábitos no se mantienen porque requieren un esfuerzo demasiado doloroso. Y todo lo que requiere un esfuerzo doloroso acaba encontrando resistencia. Pero cuando los hábitos se vuelven indoloros, cuando se vuelven automáticos, perduran.

El secreto de una disciplina duradera no es esforzarse más. Es **eliminar las fricciones** para que los buenos hábitos surjan de forma natural, sin fuerza de voluntad.

Anclajes de hábitos

Una de las formas más fáciles de conseguir que los hábitos se mantengan *es vincularlos a algo que ya se hace.*

Todos los días nos lavamos los dientes, tomamos café, miramos el teléfono y nos ponemos los zapatos. Estas acciones se realizan en piloto automático porque están ancladas en rutinas existentes. Al vincular los nuevos hábitos a estas conductas incorporadas, te apoyas en un ritmo establecido y conviertes un nuevo hábito en una extensión de tu día a día sin esfuerzo.

Esta estrategia, denominada **apilamiento de hábitos**, fue acuñada por el experto en productividad BJ Fogg. Descubrió que las personas son más propensas a mantener los hábitos cuando los vinculan a algo familiar.

- En lugar de decir: *"Haré estiramientos todos los días"*, di: *"Después de lavarme los dientes, haré un estiramiento de 30 segundos"*.
- En lugar de decir: *"Empezaré a escribir un diario"*, di: *"Después de servirme el café de la mañana, escribiré una frase"*.

Una madre de tres hijos que luchaba por encontrar tiempo para cuidarse utilizó esta estrategia para empezar a meditar a diario. En lugar de intentar dedicar un tiempo aparte a la meditación, la vinculó a algo automático: *esperar al microondas*. Cada vez que calentaba la comida en el microondas -ya fuera para calentar el café o hacer la comida para sus hijos-, aprovechaba ese momento para cerrar los ojos y respirar.

Al principio, sólo eran 30 segundos. Pero se convirtió en un ritual. Unas cuantas respiraciones profundas se convirtieron en un momento de atención plena. Ese momento de atención se convirtió en dos minutos. Pronto, la meditación se convirtió en parte de su rutina, sin ningún esfuerzo adicional.

La forma más fácil de conseguir que los hábitos se mantengan **es vincularlos a algo que ya se haga.** Cuando el desencadenante es automático, el hábito se adquiere sin esfuerzo.

La regla de los 2 minutos

La mayoría de los hábitos fracasan porque se sienten *demasiado*.

Ir al gimnasio es demasiado. Escribir un capítulo es demasiado. Meditar durante 20 minutos es demasiado.

El cerebro se resiste a todo lo que le parece *"demasiado"*. Pero no tiene ningún problema en hacer algo que le lleva *sólo dos minutos*.

David Allen, autor de *Getting Things Done*, descubrió que si una tarea lleva menos de dos minutos, es *demasiado pequeña para procrastinarla*. La clave está en empezar con una acción tan pequeña que la resistencia desaparezca.

- Si quieres hacer ejercicio, ponte la ropa de entrenamiento.
- Si quieres leer más, lee una frase.
- Si quieres limpiar tu habitación, dobla una camisa.

Un ingeniero de software que luchaba por crear un hábito de codificación diario utilizó este método para romper la resistencia. En lugar de comprometerse a horas de trabajo profundo, se dijo a sí mismo: "Solo escribiré una línea de código".

Ya está.

Una vez que escribía una línea, era más fácil seguir. La mayoría de los días, esa única línea se convertía en 10 minutos, luego en 30, después en una hora. Pero incluso en los días malos, escribía *algo*.

Este es el poder de la Regla de los 2 minutos. Lo más difícil de cualquier tarea es empezar. Una vez que te pones en marcha, el impulso se apodera de ti.

Por qué las recompensas hacen que los hábitos se mantengan

La mayoría de la gente se centra en *crear* hábitos, pero se olvida de reforzarlos.

El cerebro se nutre de recompensas. Cada vez que se consigue algo, el cerebro libera dopamina, el neuroquímico de la motivación. Sin esta recompensa, los hábitos desaparecen. Pero cuando los hábitos son gratificantes, se mantienen.

La celebración es la forma de decirle a tu cerebro: *"Merece la pena repetir esta acción"*.

El problema es que la mayoría de la gente sólo recompensa los grandes logros. Esperan a perder cinco kilos para celebrarlo. Esperan a terminar un libro para sentirse orgullosos.

Pero el cerebro no responde a las recompensas diferidas. Responde a las recompensas **inmediatas**.

La mentalidad de la micromisión 31

Una profesora que quería ser más coherente con la planificación de sus clases luchaba por mantener la disciplina. Siempre se sentía agotada al final del día. Así que empezó a utilizar un truco sencillo: después de cada sesión de planificación de 30 minutos, ponía su canción favorita como recompensa.

Era pequeño, pero funcionaba. Su cerebro empezó a asociar la tarea con algo agradable. Planificar ya no le parecía una tarea, sino una victoria.

Si quieres que los hábitos duren, construye un circuito de celebración:

- Después de completar un hábito, haz algo agradable.
- Dígase algo que le anime. ("¡Buen trabajo!" hace maravillas).
- Lleva un registro de las rachas. Ver los progresos aumenta la motivación.

Un hábito reforzado con una recompensa es un hábito que se mantiene.

Microganancias rápidas

Si quieres consolidar las lecciones de este capítulo, aquí tienes tres acciones rápidas que puedes emprender ahora mismo:

1. **Ancle un nuevo hábito a una rutina existente.** Piense en algo que ya haga a diario -lavarse los dientes, tomar café, ponerse los zapatos- y añádale un microhábito.
2. **Utiliza la regla de los 2 minutos para vencer la resistencia.** Sea cual sea el hábito que ha estado evitando, redúzcalo a algo que le lleve dos minutos o menos. Escribe una frase, haz una flexión, pásate el hilo dental...

3. **Cree un sistema de recompensa instantáneo.**
Elige una forma sencilla y agradable de celebrar las pequeñas victorias: pon una canción después de una tarea, marca una "X" en un calendario o dite a ti mismo "¡Buen trabajo!

Las acciones pequeñas y constantes pueden convertirse en hábitos para toda la vida. La disciplina no consiste en obligarse a trabajar más. Se trata de diseñar tu vida de modo que los buenos hábitos surjan de forma natural.

Capítulo 3
El motor sin esfuerzo

La mayoría de la gente empieza nuevos hábitos con entusiasmo. Se comprometen a levantarse temprano, ir al gimnasio, escribir todos los días o comer más sano. Pero al cabo de unas semanas, o incluso de unos días, el hábito se desvanece. La motivación desaparece, aparecen obstáculos y la vida se interpone en el camino.

Los estudios demuestran que más del 85% de las personas abandonan sus hábitos al cabo de un mes. El problema no es el esfuerzo, sino la confianza en el esfuerzo.

Si necesitas una inmensa fuerza de voluntad para mantener un hábito todos los días, no durará mucho.

El secreto de la disciplina para toda la vida no es esforzarse más. Es hacer de la disciplina la norma. Las personas más constantes del mundo -atletas de élite, empresarios de éxito, personas de alto rendimiento- no dependen únicamente de la motivación. Diseñan sistemas que hacen que el éxito sea automático.

No te levantas cada mañana y te planteas si cepillarte o no los dientes. Simplemente lo haces. Forma parte de tu rutina, no es una elección. Imagina que todos tus buenos hábitos funcionaran igual.

Este capítulo le mostrará cómo construir un motor sin esfuerzo, para que sus mejores hábitos se produzcan de forma natural, sin pensar.

La ventaja de la automatización

La fuerza de voluntad es poco fiable. Algunos días te sientes lleno de energía y motivado. Otros, estás agotado y tentado de abandonar. Si tu disciplina depende de cómo te sientas, la constancia siempre será una lucha.

El capitán Chesley "Sully" Sullenberger, el piloto responsable del milagroso aterrizaje en el río Hudson, no confió en su fuerza de voluntad cuando su avión perdió los dos motores. Confió en los sistemas.

Durante décadas, Sully había ensayado procedimientos de emergencia. No tuvo que pensar en lo que tenía que hacer: su entrenamiento se encargó de todo. En poco más de tres minutos, él y su copiloto realizaron un aterrizaje de emergencia impecable, salvando 155 vidas.

Cuando los hábitos se sistematizan, se producen automáticamente, sin necesidad de motivación.

Una de las formas más sencillas de crear hábitos automáticos es diseñar una secuencia matutina estructurada. En lugar de decidir cuándo hacer ejercicio, hazlo siempre a la misma hora. En lugar de debatir cuándo escribir un diario, hágalo inmediatamente después de prepararse el café. En lugar de preguntarse qué hacer primero en el trabajo, empiece con una rutina fija.

Un piloto de avión utilizaba esta estrategia para mantener la disciplina a pesar de su impredecible agenda de viajes. Cada mañana,

El motor sin esfuerzo

estuviera en el país que estuviera, seguía la misma secuencia matutina de cinco minutos:

1. Bebe un vaso de agua.
2. Haz 10 flexiones.
3. Revise sus objetivos diarios.
4. Lee una página de un libro.
5. Empieza su trabajo del día.

Era sencillo. Y como era automático, le mantenía constante, incluso en entornos caóticos y zonas horarias cambiantes. Cuando los hábitos forman parte de una rutina, dejan de parecer un trabajo. Simplemente suceden.

Código de coherencia

La autodisciplina no es cuestión de fuerza, sino de entrenamiento.

Al igual que los músculos crecen a través de entrenamientos repetidos, los hábitos se vuelven automáticos a través de la repetición.

Los estudios demuestran que se tarda una media de 66 días en automatizar por completo un hábito. La clave está en mantener la constancia el tiempo suficiente para que el cerebro se reconecte. Atención: la intensidad y la frecuencia, por supuesto, son importantes. Pero para simplificar, tomemos 66 días como un buen punto de referencia para la formación de una nueva disciplina.

Cuando el artista Stephen Wiltshire era niño, casi no hablaba debido a su autismo. Pero tenía un talento extraordinario: podía dibujar cualquier cosa que viera, hasta el más mínimo detalle. Perfeccionó esta habilidad mediante la repetición diaria.

Cada día dibujaba paisajes urbanos, perfeccionando su técnica. Su disciplina no era forzada, sino natural. Con el tiempo, llegó a ser conocido como "La Cámara Humana", capaz de dibujar ciudades enteras de memoria tras un solo visionado. Su talento no era natural, sino que se entrenaba con una constancia incesante.

Aunque la mayoría de nosotros no tenemos el talento de Stephen, podemos aplicar el mismo principio que le dio resultados. Presentarse todos los días, pase lo que pase.

Otro pilar importante de la coherencia es el seguimiento de los progresos.

Un cómico pidió una vez consejo a Jerry Seinfeld para ser mejor escritor. ¿La respuesta de Seinfeld?

"Escribe un chiste cada día y no rompas la cadena".

Sugirió marcar una "X" en un calendario cada día que escribiera un chiste. Cuanto más larga era la racha, más difícil resultaba saltarse un día. Esta estrategia funciona porque el cerebro odia romper los esquemas. Una vez que se crea una racha, uno se siente obligado a mantenerla.

Si quieres que un hábito se mantenga, haz un seguimiento visual.

- Utiliza una aplicación de seguimiento de hábitos para registrar los logros diarios.
- Marca una "X" en un calendario físico cada día que completes tu hábito.
- Créate un reto, como "30 días corriendo" o "100 días escribiendo".

La repetición reconfigura el cerebro. Si puedes mantener una racha de 66 días, el hábito se convertirá en algo natural.

El poder de un sistema sin esfuerzo

La mayoría de las personas abandonan sus disciplinas porque intentan forzarlas en lugar de diseñar un sistema que facilite la disciplina.

Cuando las disciplinas se convierten en rutinas, cuando las decisiones se reducen al mínimo y cuando los comportamientos se repiten el tiempo suficiente para que se vuelvan automáticos, el autocontrol deja de ser una lucha para convertirse en un estilo de vida. Usa tu creatividad para tomar la correctadecisión , la decisión fácil.

El objetivo no es confiar en la fuerza de voluntad. El objetivo es crear un entorno en el que las acciones disciplinadas se produzcan de forma natural. Diseña el sistema y los resultados se darán por sí solos.

Luchadores de fricción

Gran parte de la creación de un entorno que fomente la disciplina consiste en eliminar la resistencia. Cuanto más fácil te resulte realizar una acción, más probabilidades tendrás de llevarla a cabo.

Muchas personas asumen que luchan contra la constancia porque carecen de motivación, pero lo más frecuente es que estén luchando contra la fricción, los pequeños obstáculos que hacen que los buenos hábitos sean más difíciles de mantener.

Si tu ropa de entrenamiento está enterrada bajo una pila de ropa sucia, hacer ejercicio se convierte en una tarea extra incluso antes de empezar. Si tienes el móvil al lado de la cama, lo primero que harás por la mañana será navegar por las redes sociales, aunque tu intención sea empezar el día con un hábito más saludable. Si tu espacio de trabajo está desordenado, las distracciones se multiplican y la concentración se hace cuesta arriba.

A menudo, el éxito no consiste tanto en vencer la resistencia como en despejar el camino. Cuando las decisiones correctas son las más fáciles de tomar, la disciplina surge de forma natural.

Facilitar la acción

Todo hábito tiene un coste inicial. Si empezar requiere demasiado esfuerzo, la consecuencia es la procrastinación. La clave está en reducir ese coste para que el primer paso no suponga ningún esfuerzo.

Cuando el escritor de ciencia ficción Andy Weir estaba escribiendo *The Martian*, no se propuso escribir una novela. Ni siquiera pensaba publicar un libro. En su lugar, creó un pequeño blog donde publicaba capítulos cortos para un reducido grupo de lectores. No tenía la presión de crear una obra maestra, sólo el hábito de escribir y compartir pequeños fragmentos con regularidad.

Al mantener el proceso sin fricciones, fue cogiendo impulso. Con el tiempo, esos capítulos se convirtieron en una novela completa. El libro se convirtió en un bestseller y más tarde se adaptó a una película de Hollywood.

El mismo principio se aplica a cualquier hábito. Cuanto más pequeño y fácil sea el primer paso, más probabilidades hay de seguirlo. Si quieres hacer ejercicio, prepara la ropa de gimnasia la noche anterior. Si quieres beber más agua, ten un vaso en la mesa. Si quieres comer más sano, ten fruta y verdura precortada a mano en la nevera.

El impulso comienza con pequeñas acciones de bajo esfuerzo. Al eliminar obstáculos, eliminas de la ecuación la parte más difícil: empezar.

Cómo crear un entorno disciplinado

Cuando las cosas están en orden, la productividad fluye de forma natural. Cuando no, incluso las tareas más sencillas resultan abrumadoras.

Durante sus años universitarios, el estudiante de psicología Daniel Simons tuvo problemas de concentración. Su apartamento era ruidoso, su escritorio estaba desordenado y las distracciones siempre estaban al alcance de la mano. Frustrado por su falta de progreso, hizo un cambio: creó un espacio dedicado al trabajo en profundidad. Despejó su escritorio, retiró todo lo que no tenía que ver con sus estudios y alejó su lugar de trabajo de la cama y la televisión.

Al cabo de unos días, notó un cambio. Su mente asociaba ese espacio con la concentración, y las distracciones ya no lo alejaban tan fácilmente. Estudiar se hizo más automático.

Si quieres mejorar tus hábitos, tu entorno debe favorecerlos. Mantén limpio tu espacio de trabajo, designa zonas específicas para distintas tareas y haz que las distracciones sean más difíciles de alcanzar. Cuantas menos fricciones se interpongan entre tú y la acción correcta, más fácil te resultará disciplinarte.

Recuperar el control de la tecnología

La tecnología es una de las mayores fuentes de fricción para la disciplina. Secuestra la atención, agota el tiempo y mantiene a las personas en interminables bucles de distracción. A la mayoría de las personas no les cuesta ser disciplinadas porque les falte motivación, sino porque su teléfono está diseñado para mantenerlas enganchadas.

Lisa, una consultora de empresas, pasó años intentando concentrarse mejor en el trabajo, pero siempre perdía tiempo con las notificaciones, los correos electrónicos y las redes sociales. En lugar de confiar en el autocontrol, rediseñó su enfoque. Eliminó todas las aplicaciones no esenciales de su teléfono, estableció un horario de trabajo "sin teléfono" por la mañana y colocó su dispositivo en otra habitación mientras trabajaba.

¿El resultado? En pocas semanas, recuperó horas de concentración. Las ganas de mirar el móvil disminuyeron y el trabajo en profundidad se hizo más fácil.

Para cualquiera que luche contra las distracciones digitales, hacer unos sencillos cambios puede tener un impacto inmediato. Desactivar las notificaciones, utilizar bloqueadores de sitios web o establecer horarios libres de teléfono pueden crear un entorno en el que la concentración surja de forma natural en lugar de sentirse como una batalla.

Eliminar las fricciones para que la disciplina no suponga un esfuerzo

La gente suele creer que necesita más motivación para ser disciplinada, pero en realidad necesita menos resistencia. Si se eliminan los obstáculos innecesarios, se facilita el inicio de los buenos hábitos y se controlan las distracciones antes de que se apoderen de uno, la disciplina se convierte en una parte natural de la vida en lugar de algo que hay que forzar constantemente.

Cuando se elimina la fricción, aparece la coherencia. Y cuando la constancia no requiere esfuerzo, la disciplina deja de parecer un trabajo.

El activador de flujo

Los deportistas, músicos, escritores y empresarios de alto rendimiento describen momentos en los que el tiempo parece ralentizarse, las distracciones desaparecen y el trabajo se realiza sin esfuerzo. Este estado mental se denomina *flujo*.

En estado de flujo, el cerebro funciona a su máximo nivel. El psicólogo Mihaly Csikszentmihalyi, que acuñó el término, descubrió que cuando las personas se encuentran en estado de flujo, su productividad se triplica, su creatividad se dispara y su sensación de esfuerzo desaparece.

Pero la fluidez no ocurre por accidente. Puede desencadenarse deliberadamente.

¿La buena noticia? No hace falta ser un artista de talla mundial para experimentarlo. La fluidez puede integrarse en tu rutina diaria con los hábitos adecuados.

El poder de un desencadenante previo al trabajo

El flujo no se produce a demanda. Necesita una **señal: una** pequeña acción constante que indique al cerebro que es hora de concentrarse.

El mundialmente famoso pianista Glenn Gould tenía un ritual poco habitual antes de tocar: sumergía los brazos en agua caliente. No se trataba de calentar los músculos. Era una señal mental, una señal para su cerebro de que era hora de entrar en un profundo estado de concentración.

El compositor austriaco Franz Joseph Haydn tenía su propio ritual. Antes de componer, se colocaba su anillo favorito en el dedo y se sentaba al piano. El hecho de llevar el anillo indicaba a su mente que había llegado el momento de componer. Esta pequeña acción, aparentemente trivial, entrenaba a su cerebro para que entrara automáticamente en modo de trabajo.

Este método no es sólo para músicos. Cualquiera puede utilizar un ritual para que su cerebro se concentre.

Un escritor con problemas de constancia desarrolló un ritual para iniciar sus sesiones de escritura. Todas las mañanas se preparaba una taza de café, respiraba profundamente tres veces y se sentaba en su escritorio. Al principio, le parecía una rutina forzada, pero al cabo de unas semanas, su cerebro empezó a reconocerlo como una transición al trabajo. Escribir se hizo más fácil, no porque fuera más disciplinado, sino porque su cerebro aprendió a asociar el acto de preparar café y respirar profundamente con entrar en un estado de concentración.

Un ritual adecuado antes del trabajo puede transformar tu capacidad de concentración.

Podría ser tan sencillo como:

- Beber té antes de escribir.
- Respirar hondo cinco veces antes de abrir el portátil.
- Tocar la misma canción instrumental antes de estudiar.

Lo que importa es la constancia. El cerebro aprende a través de la repetición. Si sigues los mismos pasos cada vez que inicias un trabajo profundo, tu cerebro empezará a asociar esas señales con la concentración.

El flujo comienza con una señal. Encuentra la tuya.

Por qué centrar la atención permite trabajar sin esfuerzo

La distracción es el mayor enemigo de la fluidez. En un mundo de notificaciones, correos electrónicos e interrupciones constantes, la capacidad de *concentrarse en una sola cosa* es una habilidad rara y poderosa.

Los neurocientíficos han descubierto que la multitarea es un mito. El cerebro no hace realmente dos cosas a la vez, sino que cambia rápidamente de una tarea a otra, lo que provoca fatiga mental y reduce la eficiencia.

El Dr. Atul Gawande, reputado cirujano y escritor, sigue un estricto sistema de concentración antes de cada operación. Él y su equipo utilizan una lista de comprobación estructurada para eliminar pensamientos y distracciones innecesarios. Cuando empieza la operación, su atención está bloqueada. Su mundo se reduce a un único punto de atención.

El mismo principio se aplica a cualquier trabajo profundo. Para fluir, hay que eliminar la competencia y dirigir toda la atención a una sola tarea.

Una forma sencilla de hacerlo es utilizando la **regla de la cosa única**:

1. Identifique la tarea más importante que debe realizar.
2. Elimine todo lo demás de la vista: cierre las pestañas adicionales del navegador, silencie las notificaciones, despeje su espacio de trabajo.
3. Programa un temporizador y comprométete a trabajar en esa única cosa durante un tiempo determinado.

Los primeros minutos pueden parecer lentos, pero a medida que desaparecen las distracciones, tu mente se concentra. Al cabo de 15-20 minutos, sentirás que tu concentración aumenta.

Cuanto más estrecha sea tu atención, más profundo será tu flujo.

Cómo terminar el trabajo sin perder el impulso

Muchas personas sabotean su productividad sin darse cuenta, no por cómo *empiezan a* trabajar, sino por cómo lo .*terminan*

Si dejas de trabajar bruscamente, tu cerebro se aferra a las tareas inacabadas, manteniendo tu mente inquieta. Pero si abandonas el trabajo intencionadamente, cierras el bucle mental, conservando energía y facilitando la reanudación al día siguiente.

Bill Gates, conocido por su profunda concentración, sigue un **ritual de cierre** al final de cada jornada laboral. Antes de salir de la oficina, repasa lo que ha hecho, anota sus prioridades para el día siguiente y cierra mentalmente las tareas pendientes. Esta sencilla práctica le permite desconectar por completo, evitando el agotamiento y asegurándose de volver al día siguiente con claridad.

Un desarrollador de software llamado Thomas, que tenía problemas de concentración, descubrió que poner en práctica un ritual de fin del trabajo transformó su productividad. En lugar de dejar de trabajar al azar, ahora sigue un breve **guión de cierre**:

1. Revise lo que ha completado.
2. Enumere la tarea principal para la próxima sesión.
3. Ordene su espacio de trabajo para eliminar distracciones.

Al terminar con intención, eliminaba el desorden mental, lo que facilitaba sumergirse en el trabajo profundo al día siguiente.

La forma en que salgas determinará la fuerza con la que empieces la siguiente sesión.

Microganancias rápidas

Si quieres que la disciplina sea más fácil y automática, aquí tienes cinco medidas inmediatas que puedes tomar:

1. **Diseñe una rutina matutina sencilla.** Empieza el día con una secuencia estructurada de hábitos -como beber agua, hacer estiramientos o revisar tus objetivos- para que la disciplina comience antes de que las distracciones se apoderen de ti.
2. **Reduzca el cansancio por las decisiones.** Automatiza las pequeñas decisiones de tu vida diaria -como planificar las comidas con antelación, fijar una hora fija de entrada al trabajo o llevar la misma ropa- para tener más energía para las decisiones importantes.
3. **Crea un ritual de concentración.** Elige una pequeña acción -como preparar café, hacer estiramientos o encender una vela- que indique a tu cerebro que es hora de entrar en modo de trabajo profundo. La clave es la constancia.
4. **Pon en práctica un ritual de cierre.** Termina cada sesión de trabajo repasando lo que has conseguido y estableciendo la prioridad del día siguiente. Esto ayuda a despejar la mente, reduce el estrés y facilita empezar con fuerza mañana.

No hay que forzar la disciplina. Cuando se eliminan las fricciones, se automatizan las decisiones y se diseñan rutinas que permiten centrarse sin esfuerzo, la constancia aparece de forma natural.

Capítulo 4

La kriptonita de la procrastinación

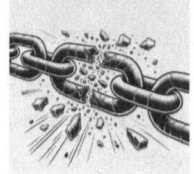

Los plazos suelen parecer cadenas: estresantes, restrictivos y abrumadores. Mucha gente los ve como algo que hay que evitar, estirar o temer. Pero, ¿y si los plazos no fueran el enemigo? ¿Y si fueran en realidad el secreto para desbloquear la acción?

La verdad es que la procrastinación prospera en el tiempo abierto. Cuando no hay urgencia, el cerebro se relaja. Aplaza las cosas, convenciéndose de que siempre hay *un mañana*. Pero cuando se acerca una fecha límite, de repente, las cosas se hacen.

Un estudio de investigación del MIT descubrió que los estudiantes a los que se daban plazos espaciados uniformemente a lo largo de un semestre obtenían resultados significativamente mejores que aquellos a los que se les daba un gran plazo al final. ¿Por qué? La presión del tiempo obliga a actuar.

Los plazos, cuando se utilizan estratégicamente, pueden convertirse en un superpoder. Pueden convertir la indecisión en impulso y transformar tareas abrumadoras en progresos estructurados. Este capítulo te mostrará cómo aprovecharlos para que, en lugar de huir de la presión, la utilices en tu beneficio.

Plazos inversos

La mayoría de la gente aborda los plazos de forma equivocada: ven una tarea importante, calculan cuánto tiempo les llevará y trabajan para el plazo*cumplir*. Pero este método suele llevar a subestimar el esfuerzo, al pánico de última hora y a resultados precipitados.

¿Una estrategia mejor? Trabajar *hacia atrás*.

Melissa Torres, organizadora profesional de eventos, tenía fama de no saltarse nunca los plazos, por muy caótico que fuera el proyecto. Su secreto era sencillo: nunca empezaba por *hoy*. En lugar de eso, trabajaba desde el momento final hacia atrás, identificando cada paso clave por el camino.

Si se programó un acto para el 15 de octubre, preguntó:

- ¿Qué debe estar terminado para el 14 de octubre?
- ¿Qué hay que hacer una semana antes?
- ¿Qué debe completarse un mes antes?

Al trazar los puntos de control *en sentido inverso*, eliminó la incertidumbre de por dónde empezar. Dividió las grandes tareas en partes más pequeñas y urgentes.

Los plazos inversos funcionan porque obligan a ser claros. En lugar de adivinar el tiempo que llevará una tarea, determinas exactamente cuándo hay que hacer cada cosa para alcanzar el objetivo final con facilidad.

La próxima vez que te enfrentes a un proyecto desalentador, prueba este método:

1. Establezca el plazo final, es decir, cuándo debe completarse la tarea.
2. Trabaje hacia atrás para identificar los plazos de los hitos.
3. Asigne acciones específicas a cada punto de control.

Este enfoque elimina las conjeturas y evita los apuros de última hora.

Los plazos dejan de parecerte una presión y empiezan a trabajar *para* ti.

Por qué el trabajo se expande para ocupar el tiempo que le dedicas

La Ley de Parkinson afirma que el trabajo se expande hasta ocupar el tiempo disponible para su realización. Si te das una semana para completar una tarea, tardarás una semana. Si te das un día, de repente, encontrarás la forma de realizarla en un día.

Esta es la razón por la que los estudiantes que tienen meses para escribir un trabajo a menudo completan el 80% del mismo la noche anterior a la fecha de entrega, y por la que los empleados que tienen toda una tarde para terminar un simple informe a veces tardan toda la tarde.

Ben, estudiante de último curso de la universidad, lo experimentó en carne propia. Todos los semestres se decía a sí mismo que empezaría a estudiar pronto para los finales, pero todos los semestres se encontraba empollando la noche antes del examen.

Frustrado por su ciclo de procrastinación, decidió *fabricar* la urgencia. En lugar de esperar hasta el último minuto, acortó artificialmente su periodo de estudio. Estableció plazos dos semanas antes de los exámenes reales, como si fueran las fechas reales.

¿El resultado? Trabajó más concentrado, evitó el estrés y rindió mejor que nunca.

La kriptonita de la procrastinación 49

Al reducir el tiempo disponible para una tarea, te obligas a trabajar con eficacia.

Si suele alargar las tareas más de lo necesario, establezca **restricciones artificiales**:

- Si normalmente tardas tres horas en completar un informe, prueba a hacerlo en 90 minutos.
- Si el plazo de presentación es dentro de dos semanas, fija una fecha de vencimiento personal para este viernes.

Los relojes más ajustados aplastan la procrastinación.

Cómo vencer a la dilación con un cronómetro

Una de las partes más difíciles de superar la procrastinación es simplemente empezar. Cuanto más dudes, más difícil te resultará.

Una novelista llamada Laura Monroe luchó durante años contra el bloqueo del escritor. Tenía historias en la cabeza, pero nunca podía pasar de la primera página. Cada vez que se sentaba a escribir, le asaltaban las dudas. Pensaba demasiado cada frase, borraba párrafos y al final se quedaba sin nada.

Su gran avance se produjo cuando descubrió el truco de la cuenta atrás de cinco minutos. En lugar de presionarse para escribir un capítulo entero, se dijo a sí misma que solo tenía que escribir cinco minutos, por malo que fuera.

Programó una cuenta atrás, puso las manos en el teclado y empezó. Al principio, apenas escribió nada. Pero cuando pasaron los cinco minutos, algo había cambiado: estaba en movimiento. El miedo a empezar había desaparecido.

No se detuvo a los cinco minutos. Siguió adelante.

Este truco funciona porque evita la resistencia del cerebro a empezar. Cinco minutos es *demasiado poco* para sentirse intimidado. Una vez que empieza el movimiento, el impulso se apodera de ti.

Si luchas contra la procrastinación, prueba esto:

1. Programa una cuenta atrás de cinco minutos.
2. Trabaja en la tarea hasta que se agote el temporizador.
3. Cuando se acabe el tiempo, decide si quieres parar o seguir.

La mayoría de las veces, seguirás adelante. Lo más difícil no es el trabajo, sino empezar.

El antídoto de la acción

La procrastinación prospera en la quietud. Cuanto más esperes, más difícil te resultará empezar. El cerebro acumula tareas en la mente, haciéndolas parecer más grandes de lo que son. Duda, busca distracciones y se convence a sí mismo de que el momento perfecto para empezar es *más tarde*. Pero ese momento nunca llega.

¿La solución? Empezar antes de sentirse preparado.

La acción precede a la motivación, no al revés. En el momento en que te mueves, la resistencia se debilita. El cerebro pasa de pensar a actuar. El impulso aumenta.

Esta sección le mostrará cómo engañar a su mente para que actúe, eludir el perfeccionismo y utilizar la física en su beneficio.

El poder del comienzo más pequeño posible

Empezar es el 80% de la batalla. Lo más difícil de hacer ejercicio no es el ejercicio, sino ponerse las zapatillas. Lo más difícil de escribir no son las palabras, sino abrir el documento.

La kriptonita de la procrastinación

David Goggins, ex Navy SEAL y corredor de ultramaratones, conoce esta lucha de primera mano. Con poco más de veinte años, pesaba casi 150 kilos y estaba atrapado en un círculo vicioso de inseguridad. Cada vez que intentaba hacer ejercicio, se sentía abrumado por lo lejos que tenía que llegar. Pero un día, en lugar de hacer un entrenamiento completo, se propuso una sola tarea: ponerse las zapatillas de correr. Y eso fue todo.

Una vez calzado, pensó: *"Será mejor que salga.* Entonces, *podría trotar un minuto.* Antes de que se diera cuenta, estaba corriendo.

Este método funciona porque evita la resistencia. El cerebro no lucha contra los pequeños pasos. Le resulta demasiado fácil resistirse. Pero una vez en movimiento, parar no es natural.

Para aplicar esto:

- Si estás evitando escribir, dite a ti mismo que escribas una frase.
- Si estás atascado en la limpieza, comprométete a recoger *un* objeto.
- Si estás procrastinando el estudio, abre el libro y lee un solo párrafo.

Ahora bien, puede que estas acciones te parezcan "tan pequeñas" y "repetitivas". Lo importante es que funcionan. Ahora bien, tú también debes hacer el trabajo. Los pequeños pasos eliminan las dudas. Y una vez que empiezas, casi siempre sigues adelante.

El movimiento por encima de la perfección

Empezar mal es mejor que no empezar. El perfeccionismo es una de las mejores armas de la procrastinación. Te convence de que si algo no es perfecto, no merece la pena empezar. ¿Cuál es el resultado? No se hace nada.

Neil Gaiman, autor superventas, ha escrito docenas de novelas, pero admite que sus primeros borradores son siempre terribles. Sigue una regla muy sencilla: *escribe mal, pero escribe igual.* ¿Por qué? Porque un mal borrador tiene arreglo, pero una página en blanco no.

Ed Sheeran explicó una vez su proceso de composición de canciones con una analogía de fontanería. Cuando abres un grifo por primera vez después de mucho tiempo, sale agua sucia. Pero si lo dejas correr, al final sale agua limpia". Su forma de componer es la misma: se permite crear canciones "malas", sabiendo que las buenas acabarán saliendo.

Annie Duke, ex jugadora profesional de póquer y estratega de la toma de decisiones, llama a esto *resultado: la gente* juzga erróneamente las decisiones por su resultado y no por su proceso. La clave no es la perfección, sino la acción y el perfeccionamiento continuos.

La lección es clara: empieza desordenadamente. Escribe algo. **El progreso vence a la perfección.**

- En lugar de esperar a tener el plan de entrenamiento perfecto, empieza a moverte.
- En lugar de elaborar el primer párrafo perfecto, escriba uno terrible y mejórelo.
- En lugar de buscar demasiado, empiece y vaya ajustando sobre la marcha.

Una vez que aceptas la imperfección, el progreso se vuelve automático.

El destructor de inercia

En física, un objeto en reposo permanece en reposo, pero un objeto en movimiento permanece en movimiento. Lo mismo ocurre con tus hábitos.

El mundialmente famoso chef Massimo Bottura, propietario del restaurante Osteria Francescana, galardonado con tres estrellas Michelin, entiende este principio. En el exigente mundo de la alta cocina, los chefs no pueden permitirse vacilaciones. Cuando la cocina comienza su trabajo de preparación, Bottura dice a su equipo que siga una regla sencilla: **no dejar nunca de moverse.**

Si estás cortando verduras, no hagas pausas: pasa al siguiente paso. Si terminas de emplatar un plato, empieza inmediatamente a preparar el siguiente. El impulso de la cocina nunca se interrumpe.

El mismo principio se aplica fuera de la cocina. Lo más difícil de cualquier proyecto es ponerse en marcha. Pero una vez en marcha, hay que mantenerse en movimiento.

El truco es sencillo: **conoce siempre el siguiente paso.**

Si te detienes y no sabes qué viene después, la inercia vuelve a acumularse. Pero si siempre dejas clara la siguiente acción, te mantienes en movimiento.

He aquí cómo aplicarlo:

- Cuando deje de trabajar por hoy, deje una nota con el siguiente paso para empezar inmediatamente.
- Cuando hagas ejercicio, planifica siempre el primer movimiento antes del siguiente entrenamiento.
- Cuando limpies, divide las tareas en micropasos para no sentirte abrumado.
- La acción genera más acción. Sigue moviéndote y la procrastinación no tendrá ninguna oportunidad.

Cazador de miedos

El miedo es una de las principales causas de la procrastinación. No el miedo en el sentido extremo, que pone en peligro la vida, sino en los momentos cotidianos que nos impiden pasar a la acción: miedo al fracaso, miedo a la vergüenza, miedo a equivocarnos.

El cerebro está programado para sobrevivir, lo que significa que a menudo ve *la incomodidad* como *un peligro*. Por eso, dar el primer paso en un proyecto intimidante, iniciar una conversación difícil o exponerse puede resultar abrumador. Pero esta es la verdad: el miedo es un hábito y, como cualquier hábito, puede recablearse.

El camino a seguir no consiste en eliminar el miedo, sino en cambiar tu relación con él. Cambiando de mentalidad, redefiniendo el fracaso y condicionándote para asumir pequeños riesgos, debilitas el control del miedo.

La mentalidad del experimento

Una de las mejores formas de neutralizar el miedo es abordar la vida como un científico. Los científicos no temen el fracaso, lo . Cada experimento, tenga éxito o fracase, les aporta datos para mejorar.*esperan*

Por ejemplo, Thomas Edison. Cuando trabajaba en la bombilla, realizó miles de experimentos fallidos. Pero no los consideró un esfuerzo inútil. Al contrario, los reformuló diciendo: "*No he fracasado. Sólo he encontrado 10.000 formas que no funcionan*".

Comparemos esto con la forma en que la mayoría de la gente afronta los retos. En lugar de ver los reveses como información útil, los ven como defectos personales. Un rechazo significa que *no son lo bastante buenos*. Un error significa que son *malos*.

La kriptonita de la procrastinación 55

Pero, ¿y si, en lugar de tratar los errores como una prueba de fracaso, los vieras como parte del proceso de aprendizaje?

El físico Richard Feynman adoptó esta mentalidad muy pronto. De estudiante, luchó contra el síndrome del impostor en Princeton. Pero en lugar de dejar que el miedo le detuviera, se dijo a sí mismo que aprender era sólo experimentar. Se enfrentaba a cada reto con curiosidad y no con presión. Esta mentalidad lúdica le ayudó a ganar el Premio Nobel.

Si luchas contra el miedo, prueba esto: replantea las tareas como experimentos.

En lugar de:

- *Tengo que ser perfecto en esta presentación,* digamos: *Déjame probar lo que funciona y mejorarlo para la próxima vez.*
- *¿Y si meto la pata en esta reunión?* dice: *Veamos qué puedo aprender de esto.*

Cuando dejas de tratar los retos como actuaciones de alto riesgo y empiezas a tratarlos como experimentos, el miedo disminuye.

El peor de los casos

Tus miedos (casi) nunca son tan malos como crees. La mayoría de los miedos son ilusiones. Tu mente exagera el peligro, creando los peores escenarios que rara vez suceden. Los estudios demuestran que el 85% de las cosas que nos preocupan nunca se hacen realidad. Y el 15% de las que *sí ocurren,* la gente las maneja mucho mejor de lo que espera.

Un orador llamado Scott Berkun lo aprendió de primera mano. Al principio de su carrera, dio un discurso de apertura en una importante conferencia y le fue fatal. Perdió el hilo de sus notas, tropezó con sus palabras y vio cómo el público consultaba sus teléfonos.

Pero esto es lo que descubrió: **no le arruinó.** Nadie se burló de él. Nadie recordaba los errores. Simplemente siguió adelante, mejoró y siguió hablando. Años más tarde, se convirtió en un autor de bestsellers y en uno de los conferenciantes más solicitados del sector.

El miedo hace que el fracaso parezca catastrófico, pero la realidad es mucho más amable.

Para romper la ilusión del miedo, prueba el **juego del peor de los casos**:

1. **Identifica a qué tienes miedo.** Por ejemplo: Hablar en una reunión.
2. **Pregunte: ¿Qué es lo peor que podría pasar?** Ejemplo: Te tropiezas con las palabras y la gente piensa que estás nervioso.
3. **Ahora pregúntate: ¿Cuál es el resultado realista?** Por ejemplo: Unos segundos de incomodidad, luego la gente sigue adelante.

La mayoría de las veces, el peor escenario posible es menor. Y una vez que te das cuenta de ello, el miedo pierde su poder.

Cápsulas Coraje

El valor no es algo que se *tiene* o *no se tiene*. Es un músculo. Cuanto más lo usas, más fuerte se hace.

Tim Ferriss, autor del bestseller *La semana laboral de 4 horas*, tiene una práctica que denomina *"inoculación del miedo"*. Se pone deliberadamente en situaciones incómodas -como tumbarse en medio de una acera con mucho tráfico o llevar ropa ridícula en público- sólo para acostumbrarse a la incomodidad. Con el tiempo, descubrió que cuanto más se dejaba llevar por los pequeños miedos, menos control tenía el miedo sobre él.

Muhammad Ali utilizaba un método similar. Antes de los grandes combates, practicaba el manejo de los insultos y las críticas entrenando deliberadamente con adversarios que se burlaban de él. Cuando subía al ring, ningún insulto o distracción podía con él.

Si quieres ser intrépido, empieza con **pequeñas cápsulas de coraje: diarias** acciones que te condicionen para ser audaz:

- Pida indicaciones a un desconocido, aunque le resulte incómodo.
- Comparte una idea en una reunión, aunque te tiemble la voz.
- Di no a algo que no quieres hacer.
- Publica algo en Internet sin pensarlo demasiado.

Estos pequeños actos entrenan al cerebro para ver el malestar como algo normal. Con el tiempo, los miedos más grandes -empezar un negocio, hablar en público, tomar decisiones difíciles- se vuelven más fáciles.

El miedo prospera en la indecisión. La acción lo mata. Cuanto más te enfrentes a la incomodidad, menos miedo tendrás.

Microganancias rápidas

No es necesario esperar semanas para superar la procrastinación. Las acciones pequeñas e inmediatas pueden crear un cambio instantáneo. Aquí tienes tres formas sencillas de tomar el control y coger impulso ahora mismo:

1. **Empieza con la regla de los cinco minutos.** Si una tarea te parece abrumadora, comprométete a hacerla sólo cinco minutos. Sin presiones para terminar, sólo para empezar. La mayoría de las veces, seguirás adelante porque lo más difícil es empezar.
2. **Establece un plazo inverso.** En lugar de permitir que una tarea se alargue indefinidamente, ponte un plazo artificial que te obligue a concentrarte. Si normalmente tardas dos horas en hacer algo, desafíate a terminarlo en 60 minutos. Los plazos más cortos impiden pensar demasiado y aumentan la eficacia.
3. **Reduce la resistencia.** Cuando una tarea te parezca demasiado grande, redúcela a la acción más pequeña posible. Escribe una frase en lugar de un informe completo, ponte las zapatillas de deporte en lugar de comprometerte a pasar una hora en el gimnasio. Los pequeños pasos eliminan las barreras mentales.

La procrastinación no es un rasgo de la personalidad, es un hábito. Y como cualquier hábito, se puede romper. La acción es el antídoto.

Capítulo 5
Forjar la voluntad de hierro

La fortaleza mental no es algo con lo que se nace, se construye. La capacidad de concentrarse bajo presión, mantener la calma en el caos y seguir adelante cuando todo parece imposible no está reservada a unos pocos elegidos. Es una habilidad entrenada que dominan monjes, atletas de élite y militares profesionales.

¿El secreto? *No dependen de la motivación. Condicionan su mente para actuar, independientemente de cómo se sientan.*

La disciplina no consiste en forzarse a sí mismo con pura fuerza de voluntad, sino en recablear el cerebro para que responda de forma diferente al estrés, la incomodidad y los contratiempos. En este capítulo, aprenderás a afinar tu concentración, a mantenerte firme frente al estrés y a convertir la adversidad en tu mejor baza.

Armadura mental

En un mundo diseñado para atraer tu atención en mil direcciones, la concentración no es sólo una habilidad, es un superpoder. Quienes controlan su atención controlan sus resultados. Pero la concentración no es algo que se tenga o no se tenga. Como cualquier otra habilidad, se puede entrenar.

Uno de los ejemplos más extremos de concentración inquebrantable ocurrió en **1963**, cuando **Thích Quảng Đức**, un monje budista vietnamita, se prendió fuego en medio de una calle abarrotada de Saigón. No se inmutó. No gritó. Permaneció en plena meditación mientras las llamas lo consumían. ¿Su propósito? Una protesta pacífica contra la persecución religiosa.

Los periodistas que presenciaron el suceso quedaron atónitos, no sólo por el acto en sí, sino por su absoluta quietud ante un dolor inimaginable. La capacidad del monje para mantener la compostura no fue fruto de la suerte. Fue el resultado de años de entrenamiento de su mente para dominar la concentración y desprenderse de las molestias externas.

Aunque la mayoría de nosotros nunca necesitaremos demostrar ese nivel de disciplina, el principio se mantiene: la concentración se construye a través de la práctica deliberada.

Una forma sencilla de empezar es a través de **las explosiones de concentración: breves** bloques y estructurados de concentración profunda que refuerzan la capacidad para resistirse a las distracciones.

Prueba esto:

1. Elige una tarea y ponte un **cronómetro para concentrarte durante cinco minutos**.
2. Elimine todas las distracciones: apague las notificaciones, ponga el teléfono en otra habitación.
3. Trabaja con atención plena. Si tu mente se distrae, vuelve a ella.

Cada vez que lo hagas, prolonga ligeramente la duración. Con el tiempo, tu cerebro se adapta y tu capacidad de concentración se refuerza. La distracción es un hábito. La concentración también. Entrénala a diario.

Dominar el arte de la calma bajo presión

En situaciones de alto riesgo, la diferencia entre el éxito y el fracaso no es el talento, sino el control. La capacidad de *mantener la calma* cuando aumenta la presión es lo que separa a los que prosperan bajo tensión de los que se desmoronan.

Jason Redman, ex SEAL de la Marina, lo experimentó en carne propia. Durante una misión de combate en Irak, él y su equipo sufrieron una emboscada. Las balas le atravesaron el cuerpo, pero en lugar de dejarse llevar por el pánico, recurrió a una técnica sencilla pero poderosa: **la respiración controlada.**

A medida que se desataba el caos, ralentizó la respiración: cuatro segundos para inspirar, cuatro para contener y cuatro para espirar. Esta técnica, conocida como **respiración en caja**, calmó su sistema nervioso, mantuvo su mente despejada y le permitió centrarse en la supervivencia.

¿Por qué funciona? La respiración controla el cerebro. Cuando respiras profunda y lentamente, tu cuerpo reduce los niveles de cortisol (la hormona del estrés) y tu mente recupera la claridad.

Pruébalo la próxima vez que el estrés aumente:

- Respira **profundamente tres veces**, haciendo que la exhalación sea más larga que la inhalación.
- Utiliza **la respiración en caja**: Inhala durante cuatro segundos → Aguanta cuatro → Exhala cuatro → Aguanta cuatro.

Esta técnica la utilizan desde los SEAL hasta los atletas olímpicos. ¿Por qué? Porque funciona. El pánico no es más que una respuesta no entrenada al estrés. Entrénate para responder de otra manera.

Convertir los contratiempos en fortaleza

La fortaleza mental no consiste sólo en seguir adelante, sino también en *lo que ocurre cuando te caes*. Porque no importa lo disciplinado que seas, te enfrentarás a contratiempos.

¿La diferencia entre los que se quedan estancados y los que se elevan? **Cómo ven el fracaso.**

Michael Jordan, posiblemente el mejor jugador de baloncesto de todos los tiempos, fue expulsado del equipo universitario de su instituto. En lugar de abandonar, utilizó el rechazo como combustible, practicando sin descanso hasta convertirse en seis veces campeón del mundo de la NBA y uno de los deportistas más célebres de todos los tiempos.

Las personas resilientes no sólo soportan el fracaso, sino que lo . Los psicólogos lo denominan *aprovechan*"**crecimiento adversarial**": la idea de que los reveses no son solo obstáculos, sino oportunidades para desarrollar la resiliencia.

¿Quieres entrenar esta habilidad? Lleva **un registro de** cada momento en que te recuperas de la adversidad. Inténtalo:

1. Escriba un fracaso o un reto del pasado que haya superado.
2. En lugar de centrarte en lo que salió mal, pregúntate: *¿Qué me ha enseñado esto?*
3. Identifica una forma en la que te hayas hecho más fuerte gracias a ello.

Cada vez que recuerdas estos momentos, refuerzas la verdad: ya has vencido antes, vencerás de nuevo. La fortaleza mental no consiste en evitar el fracaso. Se trata de utilizarlo como combustible.

Trampas para la tentación

La disciplina no consiste sólo en hacer lo correcto, sino también en hacer más fácil resistirse a hacer lo incorrecto. Cada día te enfrentas a innumerables decisiones que ponen a prueba tu autocontrol. ¿Te pones a trabajar o miras el móvil? ¿Comes comida rápida o cocinas algo sano? ¿Te quedas en la cama o te pones en marcha?

La mayoría de los fallos de autodisciplina no ocurren en el momento de la acción. Ocurren incluso tomar la decisión. Si esperas a tener la tentación delante, ya has perdido la mitad de la batalla. La clave para vencer la tentación no es la fuerza de voluntad, sino controlar las condiciones que conducen a la decisión.*antes de*

Controlar el resultado antes de que empiece el combate

La tentación es más difícil de resistir cuando la tienes delante. Por eso la mayoría de las personas que luchan con el autocontrol creen que sólo necesitan "esforzarse más". Pero la verdad es que la verdadera batalla no se gana en el momento de la tentación, sino horas antes, cuando la elección aún está bajo tu control.

En la década de 1980, Oprah Winfrey estaba en la cima de su carrera, pero tenía un problema que no podía superar: el picoteo nocturno. Por mucho que se dijera a sí misma que no recurriría a la comida basura, el antojo siempre ganaba. Probó con la fuerza de voluntad, pero nunca le duró.

Entonces cambió su enfoque. En lugar de *reaccionar* ante la tentación, la eliminó por completo. Dejó de tener tentempiés poco saludables en casa. Si quería helado, tenía que ir a comprarlo a una tienda. La mayoría de las veces, el inconveniente era suficiente para que se replanteara la decisión.

Al controlar el entorno *antes de que* surgiera la tentación, conseguía que la disciplina no supusiera ningún esfuerzo.

Esta estrategia sirve para todo. Si quieres dejar de mirar el móvil por la mañana, cárgalo en otra habitación. Si quieres hacer ejercicio por la mañana, prepara la ropa la noche anterior. Si quieres comer más sano, planifica tus comidas antes de que te entre el hambre.

La disciplina no consiste en luchar contra la tentación, sino en eliminarla.

Cortar la tentación de raíz

Todo hábito, bueno o malo, comienza con un desencadenante. Si alguna vez te has encontrado comiendo cuando estás aburrido, cogiendo el teléfono sin pensar o encendiendo un cigarrillo después de comer, lo habrás experimentado de primera mano. Algo desencadena la acción, ya sea un estado emocional, un momento del día o un entorno específico.

Este fue el mayor reto para Allen Carr, empresario británico y autor de bestsellers que luchó contra el tabaquismo durante décadas. Intentó dejarlo docenas de veces, pero siempre fracasaba. Entonces se dio cuenta de que su adicción no tenía que ver sólo con la nicotina, sino con **la asociación**. Su cerebro había vinculado el tabaco a determinadas actividades. El café significaba cigarrillos. El estrés significaba cigarrillos. Terminar de comer significaba cigarrillos.

En lugar de dejar de fumar de golpe, abordó el problema desde la raíz. Empezó a cambiar esas asociaciones. En lugar de buscar un cigarrillo después del café, mascaba chicle. En lugar de fumar cuando estaba estresado, salía a dar un paseo. Reprogramó sus desencadenantes y pronto desaparecieron las ansias de fumar.

La mayoría de la gente intenta luchar contra sus desencadenantes con fuerza de voluntad, pero un enfoque más inteligente es cambiar, evitar o reformular la señal.

Si te apetece comer comida basura mientras ves la tele, sustituye las patatas fritas por un bol de fruta. Si las redes sociales te apartan del trabajo, desconéctate de tus cuentas o utiliza un bloqueador de aplicaciones. Si el estrés te hace desear alcohol, redefínelo como una señal para respirar hondo o estirarte.

El cerebro sigue patrones. Cambia el patrón, y el hábito le seguirá.

Hackear el sistema de dopamina del cerebro

La tentación no es lógica. Tiene que ver con la recompensa. Todo mal hábito se mantiene porque *sienta bien*. Tu cerebro está programado para buscar el placer, y la forma más fácil de obtenerlo es a través de rápidos golpes de dopamina: comida basura, redes sociales, atracones de televisión. El problema no es que disfrutes con estas cosas, sino que secuestran tu motivación y hacen que el progreso real te parezca aburrido en comparación.

Un ejemplo mejor de cómo hackear el sistema de recompensas de tu cerebro es el de Angela Duckworth, la psicóloga que está detrás del concepto de *agallas*. Mientras estudiaba a las personas de alto rendimiento, descubrió que quienes dominaban la autodisciplina no dependían de la privación, sino que aprendían *a asociar el placer a las acciones productivas*.

Por ejemplo, los corredores de maratón. A muchos no les gusta el dolor de correr al principio. Pero aprenden a asociar las pequeñas victorias -completar una milla, batir su récord personal, ver cómo mejora su resistencia- con la satisfacción. Sus cerebros empiezan a relacionar el trabajo duro con el placer, lo que hace que sea más fácil mantener el hábito.

El mismo principio funciona en la vida diaria. En lugar de intentar abandonar por completo las redes sociales, haz que la vida real sea más gratificante haciendo un seguimiento de tus progresos personales. En lugar de comer fuera por placer, convierte la cocina en un reto creativo. En lugar de desplazarte por el teléfono para obtener un subidón de dopamina, combina tu trabajo duro con una recompensa inmediata, como escuchar música o ver un episodio de tu serie favorita después de completar una tarea.

La dopamina alimenta la motivación. Si puedes controlar de dónde procede, podrás controlar tus hábitos. Encuentra formas creativas de hacer que las acciones correctas estén llenas de dopamina. Por ejemplo, uno de los mejores cambios que hice fue entrenar en el gimnasio por la noche después de un día entero de trabajo. En lugar de entrenar a primera hora de la mañana, empecé a tratarlo como una recompensa después de un día entero de trabajo concentrado. Increíblemente, los resultados no sólo mejoraron en mi propio negocio, sino también el rendimiento en el gimnasio.

El músculo de la disciplina

La disciplina no es algo con lo que se nace, sino que se desarrolla. Como un músculo, se fortalece con la resistencia, crece cuando se la desafía y se debilita cuando se la descuida. El problema es que la mayoría de la gente evita la incomodidad, pensando que es una señal de que van por mal camino. Pero el malestar no es el enemigo, sino el campo de entrenamiento.

Algunas de las personas más fuertes mentalmente de la historia -monjes, atletas, empresarios y militares profesionales- no son especiales. Simplemente se han entrenado para afrontar las dificultades de una forma que la mayoría de la gente no tiene. La clave está en introducir retos en la vida diaria, de modo que cuando llegue la adversidad real, ya estés preparado.

. . .

Acondicionarse para la incomodidad

El malestar es la cuna de la resiliencia. Si nunca te entrenas para tolerarlo, incluso las dificultades menores te parecerán abrumadoras. Pero si te expones intencionadamente a una incomodidad controlada, te vuelves inquebrantable.

Jocko Willink, ex comandante de los Navy SEAL, construyó toda su filosofía en torno a la idea de que la disciplina equivale a la libertad. Pero antes de convertirse en autor de superventas y experto en liderazgo, no era más que un joven recluta que luchaba por superar sus propios límites. Durante el entrenamiento de los SEAL, cuando el agotamiento se apoderaba de él y abandonar parecía la única opción, Jocko se obligó a aceptar la incomodidad. Se levantaba antes de lo necesario, hacía repeticiones extra cuando nadie le veía y se dejaba llevar por las dificultades en lugar de huir de ellas. Con el tiempo, su tolerancia a la lucha aumentó. Lo que antes le parecía insoportable se convirtió en rutina. Su mentalidad pasó de evitar el dolor a utilizarlo como combustible, y ese cambio definió el resto de su vida.

No es necesario convertirse en un SEAL o someterse a desafíos físicos extremos para desarrollar un nivel extraordinario de resiliencia. Pequeños momentos cotidianos de incomodidad pueden reconfigurar tu respuesta al estrés. Una ducha fría, retrasar 30 minutos el café de la mañana o ir a trabajar cinco minutos más de lo habitual pueden parecer insignificantes, pero cada vez que lo haces, te entrenas para aguantar más.

Fortalecerse ante los contratiempos

El miedo al fracaso frena a más gente que el fracaso real. La mayoría de la gente evita el fracaso porque lo asocia con debilidad. Pero el fracaso no es una señal para detenerse, es el proceso de adaptación en acción. El fracaso es un paso esencial para el éxito. Intentar >

fracasar > triunfar. No se puede tener éxito sin fracasar. Emprender acciones masivas y aceptar el fracaso es la mentalidad de un ganador.

Sara Blakely, la multimillonaria fundadora de Spanx, atribuye su éxito a un sencillo cambio de mentalidad. Cuando era pequeña, su padre le preguntaba en la mesa: *"¿En qué has fallado hoy?* Si ella no respondía, él se mostraba decepcionado, no porque hubiera fracasado, sino porque no había intentado algo tan difícil como para arriesgarse a fracasar.

Este replanteamiento lo cambió todo para ella. Dejó de ver el fracaso como algo que había que evitar y empezó a verlo como una prueba de que estaba creciendo. Esta mentalidad la llevó a asumir riesgos, probar ideas y, en última instancia, construir una marca multimillonaria.

Si quieres reforzar tu resiliencia, no te limites a aceptar el fracaso: búscalo *de forma controlada*. En lugar de evitar situaciones en las que puedas fracasar, apóyate en ellas. Toma la palabra en una reunión aunque no estés seguro. Prueba una nueva habilidad sabiendo que al principio se te dará mal. Pide algo que te da miedo pedir, aunque la respuesta pueda ser negativa. Cada vez que lo haces, te entrenas para separar el fracaso de la autoestima, lo que te facilita actuar con valentía cuando más importa.

Ampliar su capacidad de desafío

El crecimiento no se consigue con grandes saltos, sino con una expansión gradual. Si cada día te esfuerzas un poco más allá de tus límites, lo que antes parecía imposible acaba siendo fácil.

Shirley Raines, fundadora de Beauty 2 The Streetz, no se propuso crear un movimiento. Simplemente empezó ayudando a una persona. Luego a otra. Luego a otra. Sus pequeños actos de bondad hacia los sin techo se convirtieron en una organización que ahora atiende a miles de personas.

La clave era la constancia. No necesitaba hacer algo enorme de una vez, sino un poco más cada día.

La mayoría de la gente se fija metas demasiado extremas y se agota. La verdadera resistencia no consiste en esprintar, sino en esforzarse cada día, incluso cuando el progreso parece lento. En lugar de fijarte objetivos abrumadores, esfuérzate sólo un 5% más que ayer. Si estás acostumbrado a trabajar durante 30 minutos, esfuérzate 32 minutos. Si corres 3 km, haz 3,5 km. El aumento es tan pequeño que tu cerebro no lo registra como difícil, pero con el tiempo, estas pequeñas expansiones crean un crecimiento exponencial.

Microganancias rápidas

1. **Retrasa la gratificación por un pequeño placer hoy mismo.** Sáltate el postre, espera cinco minutos más antes de mirar el teléfono o no compres algo que deseas. Entrenar el cerebro para esperar facilita la disciplina a largo plazo.
2. **Introduce una molestia intencionada en tu día.** Dese una ducha fría, posponga la cafeína o termine una tarea cuando su mente quiera detenerse. Cada vez que superes una incomodidad, reforzarás el hábito de la persistencia.
3. **Supera tu punto habitual de abandono en un 5%.** Lee una página más, trabaja dos minutos más o corre un poco más de lo previsto. Los pequeños incrementos se traducen en resistencia mental.
4. **Reencuadre el fracaso como un progreso.** En lugar de evitar el fracaso, busca pequeñas formas de practicarlo. Prueba algo nuevo, pide algo aunque la

respuesta pueda ser negativa o intenta una habilidad que sabes que no dominarás enseguida.

5. **Modifica un desencadenante de un mal hábito.**
Si siempre miras el móvil al levantarte, cárgalo en otra habitación. Si pica algo por aburrimiento, ponga a su alcance opciones más saludables. La disciplina no consiste sólo en resistir la tentación, sino en moldear tu entorno para que el éxito sea más fácil.

La disciplina no consiste en ser fuerte por naturaleza. Se trata de entrenarte a ti mismo para manejar más, un pequeño reto cada vez. Ahora te toca a ti fortalecerte.

Las acciones más pequeñas tienen el mayor impacto

"Somos lo que hacemos repetidamente. La excelencia, pues, no es un acto, sino un hábito". - Aristóteles

La gran disciplina no sólo forma a las personas, sino también a las comunidades. Las pequeñas acciones, realizadas con constancia, crean cambios masivos. Y ahora mismo, tú tienes el poder de ayudar a otra persona a dar su primer paso hacia la autodisciplina.

¿Ayudaría a alguien como usted, alguien que quiere liberarse de la procrastinación, crear mejores hábitos y tomar las riendas de su vida?

La mayoría de la gente elige los libros basándose en las reseñas. Tus comentarios pueden ser la razón por la que alguien coja *Microdisciplina* y empiece a transformar sus hábitos diarios.

Dejar una opinión no cuesta nada y lleva menos de un minuto, pero podría marcar la diferencia para...

- ... una persona más dispuesta a dejar de pensar y pasar a la acción.

- ... un empresario más que lucha por ser constante en su trabajo.
- ... un estudiante más que busca crear mejores hábitos de estudio.
- ... un padre más que intenta predicar con el ejemplo.
- ... un sueño más que de otro modo podría desvanecerse.

Para marcar la diferencia, simplemente vaya a donde quiera que esté leyendo este libro y deje una reseña.

Si este libro te ha ayudado, tu reseña podría ayudar a otra persona a iniciar su viaje. Gracias por formar parte de este movimiento.

Jordan Cross

Capítulo 6

Hábitos invisibles

La forma definitiva de disciplina no consiste en forzarse a actuar, sino en hacer que la acción sea automática. Las personas con más éxito no luchan constantemente contra su fuerza de voluntad. Simplemente han creado hábitos tan arraigados que se producen sin esfuerzo.

Olvidó que era disciplinada y por eso ganó. Serena Williams es ampliamente reconocida como una de las mejores atletas de todos los tiempos, pero lo que muchos no saben es que gran parte de su éxito se debe a rutinas automáticas. Antes de cada partido, seguía la misma secuencia: se ataba los cordones de los zapatos de una manera específica, botaba la pelota exactamente cinco veces antes de un saque, colocaba su equipo en el mismo orden preciso. No se trataba de hábitos aleatorios, sino de señales mentales que la llevaban a un estado de concentración.

Cuando la disciplina se convierte en algo natural, la resistencia desaparece. Este es el objetivo: no luchar contra uno mismo cada día, sino crear disciplinas tan automáticas que el éxito sea inevitable.

Liberar los bucles de hábitos

Todos los hábitos siguen el mismo patrón: señal, rutina, recompensa. Si quieres que la disciplina sea automática, empieza por tener claras las señales que desencadenan la acción.

Jessica, madre de tres hijos, tenía unas mañanas caóticas. Quería escribir en su diario todos los días, pero siempre se sentía demasiado abrumada para encontrar tiempo. Entonces se dio cuenta de que no necesitaba más fuerza de voluntad, sino un estímulo. Decidió que cada mañana, en cuanto se sirviera el café, abriría su diario.

Al principio, requería esfuerzo. Pero al cabo de unas semanas, su cerebro hizo la conexión: café significaba llevar un diario. Pronto, ni siquiera tuvo que pensar en ello. El hábito funcionaba solo.

Este principio sirve para todo. Si quieres empezar a hacer ejercicio, combínalo con un hábito que ya tengas. Deja las zapatillas de correr junto a la cama y átatelas nada más levantarte. Si quieres beber más agua, llena un vaso antes de mirar el móvil por la mañana. Si quieres leer más, deja un libro sobre la almohada para cogerlo antes de acostarte.

Las claves eliminan la fatiga de decisión. Si se configuran correctamente, los hábitos se adquieren automáticamente.

Crear hábitos tan sencillos que son inevitables

La mayoría de los hábitos fracasan no porque sean demasiado difíciles, sino porque son demasiado complicados. Si un hábito requiere demasiado esfuerzo para empezar, tu cerebro encontrará una excusa para evitarlo.

Eliud Kipchoge, el primer corredor de maratón que superó la barrera de las dos horas, lo entendió a la perfección. Su éxito no se debió sólo a un duro entrenamiento, sino a la eliminación de decisiones innecesarias. Comía lo mismo todos los días, entrenaba a la misma hora y llevaba las mismas zapatillas. Al eliminar decisiones innecesarias, liberaba su energía mental para el rendimiento.

Para que las disciplinas se conviertan en automáticas, deben carecer de fricción. Cuanto más fácil es una acción, más probable es que se repita.

Si quieres hacer más ejercicio, duerme con la ropa del gimnasio. Si quieres comer más sano, prepara tus comidas con antelación. Si quieres escribir más, deja tu cuaderno abierto en tu escritorio.

Cada paso que se interpone entre usted y su hábito es una nueva oportunidad para que su cerebro opte por no hacerlo. Elimina la fricción y la disciplina se impondrá por sí sola.

Hackear el cerebro para fijar la disciplina

Todos los hábitos, buenos o malos, existen porque el cerebro espera una recompensa al final. Por eso es tan difícil abandonar las redes sociales, la comida basura y la procrastinación: proporcionan un subidón inmediato de dopamina. Si quieres que los buenos hábitos se mantengan, tienes que hacer que sean gratificantes de una forma que tu cerebro reconozca.

Maya Angelou, la legendaria poetisa, escribía todos los días, pero no en casa. Alquilaba una habitación de hotel donde no hacía otra cosa que escribir. Su recompensa era sencilla: cuando terminaba, podía irse a casa y relajarse, sabiendo que su trabajo estaba hecho.

Si quieres que un hábito dure, vincúlalo a algo satisfactorio.

Cuando termines un entrenamiento, date una ducha fría o disfruta de tu batido favorito. Cuando termines un trabajo profundo, permítete diez minutos de relajación sin sentimiento de culpa. Cuando cumplas tu plan de comidas, relájate con un libro o tu programa favorito. Esto es profundamente personal y tú te conoces mejor que nadie. Ir al gimnasio y entrenar era mi recompensa, pero para muchos es un castigo. Por muy contraintuitivo que sea, tú decides cuál debe ser la recompensa para ti.

He aquí la clave: la recompensa debe ser inmediata. Tu cerebro no esperará horas o días para sentirse realizado. Necesita una razón para repetir el comportamiento ahora. Reforzar los hábitos con recompensas instantáneas aumenta la probabilidad de que se mantengan.

Los hábitos que perduran son los que sientan bien. Constrúyelos sabiamente y pronto se volverán invisibles.

Apilamiento sigiloso

Algunas de las personas con más éxito del mundo no dependen de la motivación ni de la fuerza de voluntad para ser constantes. En lugar de eso, incorporan los buenos hábitos a sus rutinas diarias con tal fluidez que lo hacen sin esfuerzo consciente.

En lugar de forzar la disciplina, añaden nuevos comportamientos a los ya existentes, convirtiendo rutinas ordinarias en potentes bucles de hábitos. Este método, conocido como apilamiento de hábitos, facilita el desarrollo de la disciplina sin tener la sensación de que estás añadiendo más cosas a tu plato.

Mediante la superposición de hábitos, la vinculación de comportamientos y el seguimiento de rutinas, puedes progresar sin darte cuenta.

Añadir hábitos a las rutinas existentes

Una de las formas más sencillas de crear un hábito es vincularlo a algo que ya haga a diario. Cuanto más automático sea el hábito original, más probable será que el nuevo hábito se mantenga.

En la universidad, Bill Gates tenía la costumbre de leer todas las noches antes de acostarse. Era una parte innegociable de su rutina, así que más adelante en su vida, lo utilizó como ancla para apilar otro hábito: revisar sus estrategias empresariales. En lugar de añadir una nueva tarea desde cero, la unió a algo que ya era natural.

Esta técnica funciona con casi cualquier hábito. Si quieres empezar a meditar, hazlo mientras te preparas el café. Si quieres mejorar tu postura, endereza la espalda cada vez que consultes el teléfono. Si quieres practicar la gratitud, di una cosa por la que estés agradecido cada vez que te sientes a comer.

La clave está en dejar que el primer hábito actúe como desencadenante del segundo. Una vez que los dos comportamientos están vinculados, la disciplina se impone sin esfuerzo.

Adquirir nuevos hábitos sin más fuerza de voluntad

Una de las principales razones por las que a la gente le cuesta ser constante es porque los nuevos hábitos suponen un esfuerzo adicional. Pero, ¿y si no fuera así? ¿Y si simplemente *aprovecharan el impulso* de lo que ya estás haciendo?

El chef Massimo Bottura, propietario del restaurante Osteria Francescana, galardonado con tres estrellas Michelin, tenía un riguroso programa de preparación que le exigía horas de meticuloso trabajo con los ingredientes cada mañana. En lugar de ver este tiempo como algo separado de su crecimiento personal, lo utilizaba para practicar nuevas técnicas culinarias de forma pequeña y deliberada. No reservaba tiempo extra, sino que integraba el aprendizaje directamente en su rutina.

Este principio se aplica a cualquier hábito. Si escuchas podcasts, cambia a uno que te enseñe algo. Si haces ejercicio, combínalo con audiolibros o aprendizaje de idiomas. Si estás fregando los platos, haz unas cuantas flexiones de pantorrilla mientras esperas a que se llene el fregadero.

Cuando los nuevos hábitos se apoyan en los antiguos, la disciplina deja de parecer un trabajo. En lugar de eso, puede resultar divertida y gratificante por sí misma.

Creación de cadenas

Una vez que domine la acumulación de hábitos individuales, el siguiente paso es enlazarlos en secuencias que fluyan de forma natural. Los mejores hábitos no están aislados: desencadenan una reacción en cadena.

James Clear, autor de *Atomic Habits* (*Hábitos atómicos*), describe cómo creó un hábito de ejercicio encadenando comportamientos. En lugar de limitarse a decir *"voy a hacer ejercicio",* creó una secuencia:

- Ponte ropa de entrenamiento → Llena la botella de agua → Sal a la calle → Empieza a correr.

Al estructurar los hábitos de forma que uno llevara naturalmente al siguiente, eliminó la fatiga de decisión. Una vez dado el primer paso, el resto sucedía automáticamente.

Esta estrategia es especialmente útil para las rutinas de la mañana y de la noche. Puede ser tan sencillo como

- Levantarse → Lavarse los dientes → Hacer estiramientos durante dos minutos → Hacer diez flexiones.

Con el tiempo, esta pequeña cadena puede convertirse en una rutina de entrenamiento completa. El impulso de un hábito arrastrará al siguiente, haciendo que la constancia no suponga ningún esfuerzo.

Para construir su propia cadena, empiece con una señal que ya haga a diario, luego añada un pequeño hábito, seguido de otro. La clave está en dejar que cada acción sirva como desencadenante natural de la siguiente. Una vez establecida, esta cadena de hábitos te llevará adelante sin resistencia.

El factor desvanecimiento

El nivel más alto de autodisciplina no tiene que ver con la lucha o la fuerza de voluntad. Se trata de automatización. Cuanto más arraigado está un hábito, menos esfuerzo requiere, hasta que un día ni siquiera te das cuenta de que lo estás haciendo.

Piensa en cómo te lavas los dientes. No te planteas si *te apetece hacerlo* cada mañana, simplemente lo haces. Es un comportamiento automático, tan arraigado en tu vida que saltártelo no te parece natural.

Éste es el objetivo de todos los hábitos de alto impacto. La clave de una disciplina duradera no está en luchar para ser constante, sino en alcanzar el punto en el que la constancia se consigue *sin* luchar.

Activación del piloto automático

Los estudios sugieren que más **del 40%** de las acciones diarias son hábitos inconscientes. Eso significa que casi la mitad de lo que haces no es una decisión consciente, sino un reflejo creado por la repetición.

Por ejemplo, Itzhak Perlman, uno de los violinistas más famosos del mundo. Cuando llegó a la edad adulta, su rutina de práctica diaria estaba tan arraigada que ya no pensaba en practicar, simplemente formaba parte de él. Sus manos sabían dónde moverse, su mente se concentraba y, sin darse cuenta, habían pasado horas.

Esto es lo que ocurre cuando los hábitos se vuelven automáticos.

Para comprobar si un hábito se ha convertido por completo en piloto automático, haz la **"prueba del desvanecimiento"**: abandona el hábito durante un día y comprueba si te sientes mal. Si no vas al gimnasio y te sientes inquieto, si no escribes un diario y sientes que te falta algo, si no meditas y tu mente se dispersa, es que el hábito se ha asentado.

A estas alturas, la disciplina ya no es algo que *haces*, es algo que *eres*. Dicho esto, vuelve a ello rápidamente al día siguiente. Los malos hábitos pueden reaparecer igual de rápido si bajas la guardia.

Cuando lo difícil deja de ser difícil

La primera vez que intentas algo difícil, requiere un enorme esfuerzo consciente. Con el tiempo, el esfuerzo necesario se reduce. Lo que antes parecía antinatural se convierte en algo natural.

Esta es la razón por la que la frugalidad se convierte en una segunda naturaleza para las personas que han pasado años haciendo presupuestos. Al principio, controlan conscientemente cada dólar. Pero, con el tiempo, ahorrar dinero deja de *parecerles* un trabajo: es simplemente su forma de actuar.

Lo mismo ocurre con la forma física, la productividad y la concentración. Lo que antes era una lucha *se desvanece* en el fondo de tu identidad.

Una de las mejores formas de medirlo es llevar un **registro de los desvanecimientos, es decir,** del tiempo que tarda una acción en dejar de parecer un esfuerzo. Si escribir 500 palabras antes requería fuerza de voluntad y ahora no supone ningún esfuerzo, si levantarse temprano ya no es una batalla, si comer sano se ha convertido en algo instintivo, sabrás que la disciplina ha arraigado por completo.

La disciplina no consiste sólo en *obligarse* a actuar. El nivel más alto consiste en llegar a un punto en el que *no* actuar resulta extraño.

Infusión de identidad

Cuando un hábito está profundamente arraigado, ya no se siente como un comportamiento, sino como *lo que uno es*.

Una frase habitual entre atletas de élite, artistas y profesionales es: *"No tengo que obligarme a hacerlo. Simplemente forma parte de mí"*.

Por ejemplo, Maya Lin, la arquitecta del Monumento a los Veteranos de Vietnam. No sólo trabajaba en diseño, sino que *se convirtió en* el diseño. Su mente pensaba constantemente en forma y estructura, y todo lo que creaba reflejaba su forma natural de ver el mundo.

Esta es la etapa final de la disciplina. No te limitas a ir al gimnasio: eres un atleta. No sólo escribes, eres escritor. No sólo practicas la autodisciplina, *eres* disciplinado.

A este nivel, los hábitos están tan arraigados que eliminarlos sería antinatural. Este es el punto de inflexión en el que el éxito deja de ser una lucha y empieza a ser un reflejo de tu identidad.

Microganancias rápidas

1. **Pon a prueba tus hábitos de piloto automático.**
   Intente saltarse un hábito durante un día y compruebe si le resulta extraño. Si es así, lo habrás integrado con éxito en tu rutina. Si no es así, refuérzalo con señales más fuertes.

Hábitos invisibles 81

2. **Facilite un hábito.** Reduzca la resistencia recortando los pasos que se interponen entre usted y su hábito. Si te cuesta escribir, deja el documento abierto. Si quieres leer más, deja un libro sobre la almohada.
3. **Haga un seguimiento de su esfuerzo.** Lleve un registro de lo difícil que le resulta un hábito cada semana. Con el tiempo, observa cómo las acciones que antes te parecían difíciles se vuelven fáciles.
4. **Reformula tu identidad.** En lugar de decir: '"Tengo que hacer ejercicio", di: "Soy alguien que cuida su cuerpo". La forma en que te defines a ti mismo configura tus hábitos.
5. **Utilice el encadenamiento de hábitos.** Enlaza nuevos comportamientos con otros automáticos. Si siempre haces café por la mañana, encadena una breve sesión de meditación justo después.

Cuando los hábitos se vuelven invisibles, la disciplina deja de ser una lucha y se convierte en una parte natural de tu forma de ser. Ahora es el momento de dar un paso más y convertir el caos en un aliado.

Capítulo 7

El caos como catalizador

Las personas que prosperan no son las que evitan el caos, sino las que *lo aprovechan*. Algunos de los mayores avances de la historia no se produjeron en entornos controlados. Ocurrieron en medio de una crisis, en momentos de presión, en situaciones en las que el fracaso parecía inevitable.

El desastre alumbró su mejor obra. En 1665, Isaac Newton se vio obligado a abandonar la Universidad de Cambridge cuando la Gran Peste arrasó Inglaterra. Mientras otros se aterrorizaban, él aprovechó el tiempo de aislamiento para desarrollar algunas de sus ideas más revolucionarias, como las leyes del movimiento y la gravitación universal. Lo que podría haber sido un periodo de estancamiento se convirtió en una de las épocas más productivas de su vida.

Si esperas a que se den las condiciones perfectas para pasar a la acción, nunca avanzarás. En cambio, puedes aprender a utilizar el desorden como combustible para la creatividad, la adaptabilidad y la resiliencia.

Aceptar el desorden

Albert Einstein desarrolló su teoría de la relatividad mientras trabajaba como empleado de patentes, alejado del estructurado mundo académico. J.K. Rowling escribió *Harry Potter* cuando era madre soltera y escribía en momentos caóticos, entre la crianza de su hijo y la lucha por llegar a fin de mes. Las mejores ideas del mundo no nacieron en entornos perfectamente controlados, sino que se forjaron en realidades impredecibles y desordenadas.

Si has estado esperando el "momento adecuado" para empezar un proyecto, crear un hábito o cambiar tu vida, deja de esperar. **No existe el momento perfecto.** Empieza ahora, empieza desordenadamente y ve adaptándote sobre la marcha. La capacidad de actuar a *pesar* del caos es lo que diferencia a los que triunfan de los que nunca empiezan.

Por qué el desorden estimula la innovación

Nos enseñan a creer que el éxito proviene del control, la organización y los planes estructurados. Pero algunas de las mayores innovaciones de la historia nacieron de la *restricción y la disrupción*.

Steve Jobs, cofundador de Apple, se vio obligado a abandonar la empresa que había creado. Fue un giro inesperado y caótico en su carrera, pero en lugar de verlo como un callejón sin salida, lo utilizó para reinventarse. Durante su ausencia, fundó Pixar, que se convirtió en un estudio de animación revolucionario, y desarrolló las bases de lo que más tarde se convertiría en el Mac moderno.

La creatividad prospera en la incertidumbre. Cuando las viejas reglas se desmoronan, surgen nuevas ideas. En lugar de resistirte al caos, acéptalo como un catalizador creativo.

Prueba esto: Si estás atascado en un problema, **cambia de entorno**. Trabaja en un lugar nuevo, introduce restricciones artificiales (ponte un plazo ridículo o limítate a cinco palabras por idea) o dale la vuelta al problema y pregúntate: *¿Qué es lo contrario de lo que haría normalmente?* A veces, cuanto más desordenada es la situación, más posibilidades hay de hacer avances.

La adaptabilidad supera a la rigidez

La capacidad de mantener la disciplina no consiste en ceñirse a un plan a toda costa, sino en adaptarse cuando el plan se viene abajo.

Durante los primeros días de Airbnb, la empresa luchó por ganar tracción. Los fundadores Brian Chesky y Joe Gebbia tenían un plan sencillo: alquilar colchones inflables en su apartamento a los visitantes. Pero cuando eso no funcionó, tuvieron que pivotar una y otra vez. En un momento dado, incluso diseñaron y vendieron cereales de temática electoral (Obama O's y Cap'n McCain's) para mantener la empresa a flote.

La mayoría de las empresas se habrían hundido por la tensión, pero su capacidad de adaptación las salvó. Hoy, Airbnb vale miles de millones, no porque todo saliera según lo previsto, sino porque *se adaptaron* cuando las cosas iban mal.

En lugar de ver las interrupciones como obstáculos, trátalas como pruebas de resistencia. Si algo se rompe, busque un nuevo enfoque. Si desaparece una oportunidad, pivota hacia otra. Las personas más disciplinadas no son las que nunca cambian de rumbo, sino las que saben cuándo cambiar sin perder el impulso.

Haz la siguiente prueba: En lugar de reaccionar negativamente ante los cambios inesperados, pregúntate: *"¿Cómo puedo hacer que esto me beneficie?* La flexibilidad no es debilidad. Es una habilidad que hace que la disciplina sea sostenible.

Cómo concentrarse en situaciones de estrés

Algunas de las mejores actuaciones, avances y obras creativas no se producen en entornos tranquilos, sino en momentos de gran presión.

En el mundo de la alta cocina, el chef Gordon Ramsay es conocido por su capacidad para mantener la concentración en el caos de una cena. Una cocina atareada, pedidos amontonados, personal moviéndose a gran velocidad... mientras que otros se derrumban bajo presión, él prospera en ella. En lugar de sentirse abrumado, utiliza el estrés como herramienta de concentración, aumentando su conciencia y agudizando sus reacciones.

El estrés puede paralizarte u obligarte a concentrarte. La clave está en aprender a canalizarlo.

Haz la prueba: La próxima vez que te sientas abrumado, **frena en lugar de acelerar**. Respira hondo, identifica lo más importante que tienes que hacer y céntrate sólo en eso. En lugar de dejar que la presión disperse tu atención, utilízala para afinar tus prioridades.

El caos no tiene por qué descarrilarte: puede ser tu mejor baza. Cuando aprendes a trabajar con el desorden en lugar de contra él, la disciplina deja de ser frágil y empieza a ser inquebrantable.

Juego de presión

La mayoría de la gente se desmorona bajo presión. Los plazos son abrumadores, el estrés inesperado nos desconcentra y las situaciones urgentes nos impiden pensar con claridad. Pero, ¿y si la presión no fuera un obstáculo? ¿Y si fuera precisamente eso lo que agudizara su concentración, le empujara a la acción y le ayudara a rendir al máximo?

La diferencia entre los que tienen éxito y los que no lo tienen no es la presencia de presión, sino cómo la . La urgencia, cuando se aprovecha correctamente, puede ser una fuerza poderosa que impulse la disciplina y la ejecución.*utilizan*

Urgencia desatada

La adrenalina agudiza la concentración. Por eso los estudiantes pasan la noche en vela antes de los exámenes, los creativos hacen su mejor trabajo bajo presión de última hora y los atletas rinden al máximo en momentos de máxima tensión. El cerebro está programado para responder a la urgencia.

Douglas Adams, autor de *La guía del autoestopista galáctico*, dijo: "Me encantan los plazos. Me gusta el silbido que hacen al pasar volando". Aunque bromeaba al respecto, lo cierto es que los plazos le obligaban a actuar. Una vez escribió una novela en sólo tres semanas, encerrado en una habitación de hotel con su editor para asegurarse de que la terminaba.

La presión crea concentración. En lugar de verla como un enemigo, utilízala como un *empujón*. Fija plazos artificiales aunque no existan. Aumenta la apuesta aunque no sea necesario. Haga una apuesta. Ponga su dinero en juego. Haz que sea muy doloroso no alcanzar tus objetivos.

Canalizar el caos en lugar de combatirlo

Hay una delgada línea entre la presión que alimenta la acción y la presión que causa agotamiento. La clave es la exposición controlada. Al igual que un músculo crece a partir de *una sobrecarga progresiva - en la que* el estrés aumenta gradualmente-, la resiliencia mental crece cuando la presión se gestiona, no se evita.

El ejército utiliza este principio en el entrenamiento de las fuerzas especiales. A los soldados se les coloca deliberadamente en entornos de alto estrés -privación del sueño, frío extremo, ruido repentino- para simular las condiciones del mundo real. Con el tiempo, aprenden a mantener la calma en el caos. La presión ya no les abruma; se convierte en algo normal.

No necesitas entrenamiento militar para desarrollar esta habilidad. Empieza introduciendo pequeñas dosis de presión controlada en tu rutina. Si te cuesta concentrarte, prueba a trabajar con un temporizador Pomodoro, con sprints de 25 minutos de trabajo intenso, forzándote a progresar rápidamente. Si quieres sentirte cómodo hablando bajo presión, practica dando charlas breves a tus amigos sin ninguna preparación. Cuanto más te expongas a una incomodidad controlada, menos te sacudirá el caos cuando llegue inesperadamente.

Convertir los apuros de tiempo en victorias

No toda la presión es mala. De hecho, algunas de las personas más productivas la utilizan en su beneficio convirtiendo los plazos en herramientas estratégicas.

Por ejemplo, el periodista Hunter S. Thompson. Conocido por sus escritos absorbentes y llenos de energía, a menudo trabajaba mejor con plazos ajustados. En lugar de escribir en sesiones largas e interminables, utilizaba limitaciones de tiempo extremas para forzarse a concentrarse al máximo. Su trabajo no era el resultado de una preparación interminable, sino el producto de ráfagas intensas y concentradas.

Tú puedes hacer lo mismo. Si un proyecto te parece abrumador, divídelo en sprints cortos de alta intensidad. Una técnica llamada **método del sprint de trabajo** te ayuda a aprovechar el tiempo sin quemarte. Funciona así:

1. Fíjate un intervalo de 90 minutos para abordar una tarea específica con plena concentración.

2. A continuación, haz una pausa de 15 minutos para reponer fuerzas.

3. Repita hasta tres ciclos al día para un trabajo profundo y eficaz.

Este método garantiza el mantenimiento de un alto nivel de energía y agudeza mental, al tiempo que utiliza la presión para impulsar el rendimiento. En lugar de ver los plazos como factores estresantes, conviértelos en retos estructurados que maximicen la eficiencia.

El caos y la urgencia no tienen por qué descarrilarle. Si se utilizan correctamente, pueden convertirse en algunas de sus mejores herramientas para conseguir concentración, impulso y el máximo rendimiento. La clave es dejar de resistirse a la presión y empezar a utilizarla.

Normas de recuperación

La disciplina no consiste sólo en seguir adelante, sino en saber *recuperarse* cuando las cosas se desmoronan. Nadie funciona al máximo rendimiento todo el tiempo. Incluso las personas más disciplinadas sufren contratiempos, agotamiento e interrupciones. La diferencia entre quienes prosperan y quienes no lo hacen no es si se enfrentan a obstáculos, sino la rapidez con la que se recuperan.

Los deportistas de élite, los altos ejecutivos y las personas de alto rendimiento no sólo entrenan duro, sino que **también se recuperan**. Disponen de sistemas que les permiten recuperarse del estrés, recobrar la energía y convertir los fracasos en peldaños hacia el éxito. En lugar de ver los contratiempos como fracasos, los tratan como *parte del proceso*.

El objetivo no es la perfección, sino *la resistencia*. Cuanto más rápido te recuperes, más rápido recuperarás el impulso.

. . .

Cómo recuperarse rápidamente de las perturbaciones

La resiliencia no es un rasgo innato, es una habilidad que se puede entrenar. La capacidad de recuperarse no consiste en evitar el fracaso, sino en saber *recuperarse más rápido* cada vez.

En los Juegos Olímpicos de Invierno de 2006, el patinador de velocidad Apolo Ohno sufrió un duro revés. En la recta final de la carrera de 1.000 metros, estaba en perfectas condiciones para ganar el oro, hasta que una caída eliminó a la mayoría de los patinadores, incluido él. En lugar de rendirse, Ohno se levantó en cuestión de segundos y cruzó la línea de meta para hacerse con la plata. Su velocidad de reacción y su capacidad para recuperarse del caos definieron su carrera, que le valió ocho medallas olímpicas.

La recuperación rápida es una habilidad que se puede practicar. Cuanto más tiempo permanezcas deprimido tras un contratiempo, más difícil te resultará volver a empezar. En lugar de dejar que un contratiempo te desanime, reanímate inmediatamente con una pequeña victoria.

- Si te pierdes un entrenamiento, haz cinco flexiones.
- Si tu agenda se desmorona, realiza una pequeña tarea.
- Si rompes una racha de hábitos, empieza de nuevo *ese mismo día*.

La clave para mantener la disciplina no es evitar los obstáculos, sino negarse a que te detengan.

Por qué el descanso forma parte de la disciplina

La mayoría de la gente ve el descanso como algo que se hace después de haber trabajado duro, pero las personas más disciplinadas entienden que el descanso es el combustible para alcanzar el máximo rendimiento. El agotamiento no se produce porque la gente trabaje demasiado, sino porque no se recupera adecuadamente.

Arianna Huffington, cofundadora de *The Huffington Post*, se desplomó una vez de agotamiento en su escritorio. Había llegado al límite de sus fuerzas, durmiendo poco y estresada al máximo. Aquel momento la obligó a reconsiderar su actitud. A partir de entonces se convirtió en defensora del descanso como ventaja competitiva, demostrando que el éxito sostenible depende de una recuperación estructurada.

Los mejores deportistas no sólo trabajan con intensidad, sino que **se recuperan con intención**. La recuperación de alto nivel incluye:

- **Disciplina del sueño coherente** (horas de despertarse, nada de pantallas antes de acostarse).
- **Reactivación física** (ejercicios de movimiento, estiramiento o respiración para eliminar el estrés)
- **Reajustes mentales** (llevar un diario, prestar atención o hacer pausas para evitar la sobrecarga).

En lugar de tratar el descanso como una recompensa, prográmelo como si fuera una actividad de alto rendimiento. Cuanto más estructurada sea tu recuperación, más sostenible será tu disciplina.

Convertir los reveses en peldaños

El fracaso no es algo que haya que *dejar atrás, sino* algo que hay que *de lo aprender*. Algunas de las personas con más éxito de la historia fracasaron más que nadie, pero lo que les diferenció fue su capacidad para convertir esos fracasos en **combustible para futuras victorias**.

El caos como catalizador 91

Tras el lanzamiento de SpaceX, Elon Musk tuvo que hacer frente a dos catastróficas averías de cohetes, cada una de las cuales le costó millones de dólares. La mayoría de la gente los habría visto como el final de su carrera. Musk, en cambio, los trató como datos: aprendió de cada error, se adaptó y mejoró. ¿Su siguiente lanzamiento? Un gran avance.

Cada revés contiene una lección, un patrón o un error de cálculo que hay que corregir. El problema es que la mayoría de la gente se obsesiona con los fracasos o los ignora por completo. La clave de la mejora continua es extraer lecciones específicas y aplicables de cada reto.

Utilice este **informe sobre el caos** para analizar los contratiempos:

1. **¿Qué ha ocurrido?** Identifica la causa raíz.
2. **¿Qué podría haber hecho de otra manera?** Señala el error.
3. **¿Cuál es mi siguiente paso?** Convierta el fracaso en un ajuste específico.

En lugar de temer el fracaso, utilícelo como retroalimentación. Cada error contiene una clave para el éxito futuro, si estás dispuesto a buscarla.

Microganancias rápidas

1. **Vuelve a empezar con una micro-ganancia.** En el momento en que te salgas del camino, haz *algo pequeño* para recuperar el impulso. Si te pierdes un entrenamiento completo, haz una tabla de 30 segundos. Si rompes tu racha de escritura, escribe una frase. Las pequeñas victorias evitan las espirales descendentes.

2. **Crea un ritual personal de restablecimiento.** Ten un hábito de recuperación -un paseo, respirar hondo o escribir cinco minutos en un diario- para pasar de la frustración a la concentración.
3. **Convierta los fracasos en datos.** En lugar de ver los errores como defectos personales, trátalos como un experimento. Pregúntate: *"¿Qué me ha enseñado esto?* Ajústalo y sigue adelante.
4. **Prioriza la recuperación profunda.** El sueño, la recuperación mental y los descansos físicos no son lujos: son esenciales para la disciplina a largo plazo. Prográmalos *antes de que* los necesites.
5. **Reduzca el intervalo entre el fallo y la acción.** Cuanto menor sea la demora entre un error y tu siguiente movimiento, más rápido será tu progreso. Siempre que sea posible, vuelve a empezar el mismo día.

La disciplina no consiste sólo en seguir adelante, sino también en saber *reajustar, recargar y reconstruir*. La capacidad de recuperarse rápidamente separa a los que se agotan de los que se mantienen constantes. Es la diferencia entre ganar y rendirse.

Ahora la pregunta es: ¿cómo puede **ampliar su disciplina** para asumir retos mayores sin venirse abajo?

Capítulo 8
El secreto de escalar

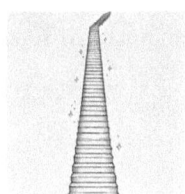

La disciplina a escala no consiste en hacerlo todo a la vez, sino en crecer estratégicamente. Las personas que logran resultados extraordinarios no empiezan con grandes gestos, sino que empiezan poco a poco y se expanden gradualmente. Una disciplina, cuando se combina con el tiempo, puede construir un imperio.

Amazon empezó como una pequeña librería en línea. Warren Buffett hizo su primera inversión a los 11 años con sólo tres acciones. La carrera de Serena Williams empezó con ejercicios básicos en una pista de tenis pública. Ninguno de ellos alcanzó el éxito de la noche a la mañana. Por el contrario, hicieron crecer sus habilidades, hábitos y rutinas poco a poco.

La clave del crecimiento sostenible es la expansión progresiva. En lugar de abrumarte con saltos masivos, crece por etapas. Apila pequeñas victorias en algo mucho mayor.

Amplificar pequeño

Los grandes objetivos no requieren grandes acciones. Requieren acciones coherentes que aumenten gradualmente en intensidad.

Piense en la forma física. Un principiante que intente una rutina de entrenamiento avanzada desde el primer día es probable que abandone. Pero alguien que empiece con una flexión al día y aumente el esfuerzo poco a poco puede adquirir fuerza real con el tiempo.

Una de las mejores formas de escalar hábitos es mediante incrementos graduales:

- Empieza **con una microversión** de tu objetivo: una flexión, una página escrita, un minuto de meditación.
- Aumente el esfuerzo **entre un 5 y un 10% por semana** en lugar de dar saltos drásticos.
- Siga los pequeños hitos en lugar de esperar una transformación inmediata.

Un inversor que empezó a invertir con unos pocos dólares a la semana acabó creando una cartera de seis cifras utilizando este principio. En lugar de apostarlo todo, fue escalando sus inversiones poco a poco, permitiendo que la disciplina y el conocimiento se desarrollaran junto con sus finanzas.

Al extender los microhábitos a lo largo del tiempo, las pequeñas acciones se convierten en transformaciones significativas.

Escalado de pilas

El secreto de la disciplina sin esfuerzo no es sólo crear hábitos, sino acumularlos. Una vez que un hábito se convierte en automático, sirve de ancla para el siguiente.

Los atletas aplican este principio a la hora de estructurar el entrenamiento. En lugar de añadir entrenamientos aleatorios, combinan ejercicios complementarios: entrenamiento de fuerza con ejercicios de movilidad, entrenamiento de resistencia con trabajo de velocidad. Cada capa sirve de apoyo a la siguiente.

La disciplina a escala funciona del mismo modo. Una vez que un hábito es sólido, se convierte en la base de otro.

Una madre a la que le costaba encontrar tiempo para leer empezó a escuchar audiolibros mientras doblaba la colada. Ese pequeño cambio le permitió consumir más libros sin interrumpir su jornada. Con el tiempo, añadió nuevos hábitos: anotaba sus reflexiones en un diario después de cada libro, resumía los puntos clave y compartía las ideas con sus hijos. El hábito se expandió de forma natural en lugar de sentirse forzada.

Escalar los hábitos sin problemas:

1. Identifique un hábito ya existente: tomar café, lavarse los dientes, consultar el correo electrónico.
2. Adhiérale un pequeño hábito: estirarse al levantarse, escribir una frase antes de consultar el correo electrónico.
3. Amplíe el hábito gradualmente, añadiendo otro una vez que se convierta en una segunda naturaleza.

Este enfoque evita el agotamiento y permite que la disciplina se desarrolle sin esfuerzo.

Pequeños ajustes, grandes resultados

La ampliación no siempre consiste en hacer más, sino en modificar lo que ya se hace para que sea exponencialmente más eficaz.

Un escritor con dificultades, por ejemplo, puede intentar escribir el doble de palabras al día y fracasar por agotamiento. Pero si mejora su eficiencia en tan solo un diez por ciento diario -escribiendo con menos distracciones, perfeccionando su proceso- podría duplicar su producción en unos meses sin estrés añadido.

El mismo principio se aplica en todas partes:

- Músico que aumenta la intensidad de la práctica en lugar del tiempo de práctica.
- Un inversor que optimiza la estrategia en lugar de añadir más capital.
- Un empresario que perfecciona los flujos de trabajo en lugar de trabajar más horas.

Para aplicar esta estrategia:

1. Elija un área clave para mejorar: eficacia, velocidad, precisión, resistencia.
2. Realice un **microajuste: optimice** la técnica, elimine la fricción, mejore la concentración.
3. Haga un seguimiento de los resultados y perfeccione el proceso.

En lugar de agobiarte, perfecciona los pequeños detalles. Con el tiempo, estas pequeñas mejoras se convertirán en grandes avances. Dedica tiempo a explorar herramientas como los modelos mentales, la inteligencia artificial y la simple búsqueda de soluciones en Internet. La mayoría de las veces, estás a una sola búsqueda de tus soluciones.

El efecto multiplicador

La verdadera disciplina no se limita a una parte de tu vida, sino que se extiende y amplifica los resultados de formas inesperadas. Cuando mejoras en un área, los beneficios se extienden a otras.

Una rutina de ejercicios disciplinada fortalece algo más que los músculos: agudiza la concentración, aumenta la energía e incrementa la confianza en uno mismo. La disciplina financiera permite tomar mejores decisiones en otros ámbitos de la vida. Un hábito de lectura constante mejora la memoria, la creatividad e incluso la inteligencia social.

La ampliación no consiste sólo en hacer más, sino en crear *un impulso* que lo haga todo más fácil.

Enlaces transversales

Algunos hábitos no sólo son beneficiosos de forma aislada, sino que actúan como *hábitos clave* que mejoran varios aspectos de la vida a la vez.

Arnold Schwarzenegger no sólo construyó su carrera en el culturismo. Su disciplina en el entrenamiento se tradujo en su éxito como actor, empresario y político. La fortaleza mental necesaria para superar agotadores entrenamientos se convirtió en la base de su ética de trabajo en todos los demás campos.

Un planificador de vínculos cruzados puede ayudar a identificar qué hábitos tienen el mayor rendimiento en múltiples áreas:

- **El ejercicio aumenta la productividad.** Los estudios demuestran que el entrenamiento regular mejora la concentración, la toma de decisiones y el rendimiento cognitivo.

- **La lectura agudiza la resolución de problemas.**
  Las personas que leen a diario desarrollan un pensamiento analítico más fuerte, lo que redunda en beneficio del trabajo, la comunicación y la creatividad.
- **La disciplina financiera refuerza la paciencia.**
  Aprender a retrasar la gratificación en el gasto se traslada al crecimiento profesional, las relaciones y el establecimiento de objetivos a largo plazo.

Si identifica un hábito que tenga efectos amplios, podrá ampliar su disciplina a diferentes áreas con mucho menos esfuerzo.

Cómo las pequeñas ganancias se multiplican con el tiempo

El crecimiento no es lineal, es exponencial. Una mejora del uno por ciento cada día no se traduce en un aumento menor. Con el tiempo, se convierte en una ganancia masiva.

La diferencia entre alguien que ahorra 5 dólares al día y alguien que gasta ese dinero sin pensar puede parecer pequeña en el momento, pero a lo largo de una década, el ahorrador construye una seguridad financiera mientras que el derrochador permanece estancado.

Así es como funcionan las pequeñas mejoras en la disciplina. Los primeros resultados pueden ser invisibles, pero una vez que alcanzan una *masa crítica*, el progreso explota.

Consideremos la historia de Ronald Read, un conserje y empleado de gasolinera que amasó una fortuna de 8 millones de dólares, no gracias a la suerte, sino invirtiendo pequeñas cantidades a lo largo del tiempo. No intentó escalar agresivamente. En lugar de eso, su disciplina se acumuló y se convirtió en algo mucho mayor de lo que nadie esperaba.

El mismo principio se aplica a cualquier hábito. Un escritor que mejore un diez por ciento cada mes duplicará su producción en menos de un año. Un atleta que aumente ligeramente su resistencia cada semana superará a sus compañeros con el tiempo.

Un **mapa de multiplicadores** puede ayudar a visualizarlo:

1. Identifique un hábito que ya esté haciendo.
2. Aumente el esfuerzo en un porcentaje pequeño y mensurable cada semana.
3. Siga los progresos durante un largo periodo, no sólo los avances a corto plazo.

La mayoría de la gente abandona demasiado pronto porque no ve resultados inmediatos. La clave está en comprender que el progreso real *se acelera, pero* solo si se persevera lo suficiente.

Cómo los demás magnifican tu disciplina

La escalada no sólo se produce a través del esfuerzo personal, sino también gracias **al impulso social**. Las personas adecuadas pueden amplificar tu disciplina, mientras que las influencias equivocadas pueden sabotearla.

Por eso, las personas de alto rendimiento se rodean de otras que les impulsan a ir más allá. Los empresarios de éxito se relacionan con otras personas motivadas. Los deportistas de élite se entrenan en entornos competitivos. Los escritores y creativos buscan compañeros con los que rendir cuentas.

Un estudio sobre la formación de hábitos descubrió que **cuando las personas persiguen objetivos junto a una comunidad de apoyo, es mucho más probable que se mantengan constantes**.

Un entorno adecuado acelera el crecimiento:

- Los amigos que dan prioridad a la salud facilitan el mantenimiento de la forma física.
- Un lugar de trabajo que valora la concentración hace que el trabajo en profundidad resulte natural.
- Un grupo que lee junto fomenta el aprendizaje permanente.

En los años 50, seis amigos de Omaha, Nebraska, formaron un grupo de inversión llamado "Buffett Partnership". ¿Uno de esos amigos? Warren Buffett. Estar rodeado de personas disciplinadas desde el punto de vista financiero le ayudó a afinar su filosofía de inversión, poniéndole en el camino de convertirse en el mayor inversor del mundo.

Para aprovechar el impulso de la red:

1. **Encuentre personas con ideas afines** que persigan hábitos similares.
2. **Cree un sistema de rendición de cuentas: semanales**controles , retos compartidos o competiciones amistosas.
3. **Ayude también a los demás a escalar:** enseñando y animando, reforzará su propia disciplina.

Juntos, el progreso se acelera.

Cambio hacia la sostenibilidad

Crecer es emocionante. El progreso es adictivo. Pero la escalada descontrolada puede llevar al colapso si no se sabe cuándo hacer una pausa, recargar las pilas y mantener el impulso.

Muchos triunfadores se esfuerzan demasiado, dando por sentado que más esfuerzo equivale a más resultados. Pero en realidad, la sobrecarga conduce al agotamiento, al declive e incluso al abandono. La clave del éxito a largo plazo no es sólo acelerar, sino saber cuándo mantener y recuperar.

Escalar no consiste sólo en hacer más, sino en marcarse un ritmo para mantener el rendimiento a largo plazo.

Saber cuándo detener el crecimiento

Aumentar demasiado rápido sin estructura suele conducir a **rendimientos decrecientes**. Una empresa que se expande más allá de su capacidad con demasiada rapidez se derrumba bajo el peso de su propio crecimiento. Lo mismo ocurre con la disciplina personal: si te extiendes más allá de tus límites, tus hábitos se resienten y la constancia se desmorona.

Elon Musk es famoso por su extrema ética de trabajo, pero incluso él ha admitido que el exceso de trabajo a largo plazo tiene un coste. Durante los primeros días de Tesla, dormía en la oficina y trabajaba casi 120 horas a la semana. Con el tiempo, su salud y su capacidad de decisión se resintieron. Más tarde redujo su carga de trabajo, haciendo hincapié en que la productividad sostenida requiere un esfuerzo más inteligente, no sólo un trabajo más duro.

Para evitar el agotamiento, utilice un sistema de :**comprobación de la carga**

- Si la motivación disminuye bruscamente, haga una pausa y evalúe la carga de trabajo.
- Si el rendimiento disminuye a pesar del esfuerzo, ajuste el ritmo en lugar de esforzarse más.
- Si aparece el agotamiento, programe un periodo de mantenimiento en lugar de crecimiento.

Escalar no significa expandirse a toda velocidad en todo momento. Disciplina inteligente significa saber cuándo mantenerse firme antes del siguiente salto adelante.

Por qué la recuperación es la clave de la longevidad

En atletismo, los deportistas de alto rendimiento no sólo entrenan duro, sino que descansan estratégicamente. Los entrenadores incorporan periodos de recuperación activa para prevenir lesiones y mantener el máximo rendimiento.

La ciencia respalda este planteamiento. Los estudios demuestran que las pausas breves aumentan la productividad hasta un 30%, mientras que el exceso de trabajo prolongado produce rendimientos decrecientes. Incluso en los campos creativos, el descanso es esencial. Salvador Dalí, uno de los pintores surrealistas más famosos, tomaba micro-siestas intencionadas para mantener la mente fresca y que fluyeran las ideas.

Un equilibrado **ritmo de descanso** incluye:

- Microdescansos a lo largo del día para volver a centrarse.
- Pausas deliberadas tras periodos de trabajo intenso.
- Días de recuperación completa para evitar el agotamiento.

En lugar de temer al descanso, considérelo un multiplicador del rendimiento. Los mejores no sólo trabajan duro, sino que también se recuperan.

Convertir la estabilidad en fortaleza

La mayoría de la gente ve las mesetas como un fracaso, pero en realidad, en las mesetas es donde se construye la fuerza.

El secreto de escalar 103

Un corredor de fondo no aumenta el kilometraje indefinidamente. Se mantienen estables en un determinado nivel antes de hacer otro esfuerzo. Este periodo de mantenimiento permite al cuerpo ajustarse, adaptarse y prepararse para el siguiente reto.

Bruce Lee, uno de los artistas marciales más disciplinados de todos los tiempos, no entrenaba a la máxima intensidad todos los días. Incorporaba el descanso y la reflexión a su proceso, comprendiendo que forzar demasiado le llevaría a lesionarse y estancarse. Sabía que el progreso se produce en oleadas y que las mesetas son una parte esencial de la maestría.

Para mantener el éxito:

- **Reconoce que hacer una pausa no es un fracaso,** es una estrategia.
- **Utiliza las mesetas para perfeccionar las habilidades** en lugar de abandonar el esfuerzo.
- **Prepárese para la siguiente fase de crecimiento** manteniendo la coherencia.

Escalar no es sólo cuestión de velocidad, sino de sostenibilidad. Los mejores son los que saben cuándo presionar y cuándo hacer una pausa.

Microganancias rápidas

1. **Establezca una fase de mantenimiento.** En lugar de ir siempre hacia adelante, programe periodos en los que sólo se centre en mantener el progreso. Esto evita el agotamiento y refuerza la disciplina.
2. **Controle el esfuerzo, no sólo los resultados.** Si el rendimiento disminuye a pesar del esfuerzo, reevalúe su carga de trabajo antes de forzar una mayor producción.

3. **Utiliza la regla del 80%.** Si se siente agotado, trabaje al 80% de su capacidad en lugar de parar por completo. Los pequeños esfuerzos evitan el retroceso.
4. **Programe una recuperación proactiva.** En lugar de esperar a agotarte, planifica los periodos de descanso con antelación, como hacen los deportistas de élite.
5. **Redefina los estancamientos como preparación.** Si te sientes estancado, céntrate en mejorar tus habilidades en lugar de abandonar tus hábitos.

Crecer como un profesional significa saber cuándo acelerar y cuándo mantener. El crecimiento no consiste en ir a por todas en todo momento, sino en durar lo suficiente para alcanzar los niveles más altos.

Capítulo 9
El marco Forever

Algunas personas brillan durante unos años y luego se apagan. Otras se mantienen constantes durante décadas, haciéndose más fuertes, más agudas y más disciplinadas a medida que envejecen. ¿Cuál es la diferencia? No persiguen victorias rápidas, sino que construyen una base que dura toda la vida.

La disciplina no consiste sólo en lo que haces hoy, sino en asegurarte de que tus hábitos pueden evolucionar, mantenerse y fortalecerse con el tiempo. La longevidad no consiste en mantener *una* rutina para siempre. Se trata de diseñar sistemas que se adapten a los cambios de la vida manteniendo intactos los principios básicos.

A sus 80 años, Warren Buffett sigue despertándose a la misma hora cada mañana, lee durante horas y sigue los mismos hábitos diarios de inversión que desarrolló en su juventud. Sus métodos han evolucionado, pero los cimientos permanecen inamovibles. Ese es el poder de un marco para siempre.

Bucles de por vida

La disciplina no consiste en atenerse a reglas rígidas para siempre, sino en hacer ajustes que permitan que los hábitos crezcan contigo.

Por ejemplo, la forma física. Una persona a la que le encantan los entrenamientos intensos a los 30 puede que necesite cambiar a un entrenamiento de fuerza de bajo impacto a los 60 para mantener el movimiento sin lesionarse. La clave no está hacer en siempre lo mismo, sino en mantener el hábito de una forma que se adapte a tu fase de la vida.

Ed Whitlock, de 82 años, batió récords en carreras de larga distancia al convertirse en la persona de más edad en correr un maratón en menos de cuatro horas. Pero no entrenó de la misma manera a los 80 que a los 40 años. En lugar de realizar entrenamientos de alta intensidad, se adaptó corriendo a un ritmo lento y sostenible durante horas todos los días, demostrando que la constancia supera a la intensidad con el paso del tiempo.

Para que tu disciplina dure, incorpora flexibilidad a tus rutinas:

- Si un hábito le parece insostenible, ajústelo a sus niveles de energía.
- Si surgen limitaciones físicas, busca formas alternativas de practicar la disciplina.
- Si las circunstancias de la vida cambian, ajuste las rutinas en lugar de abandonarlas.

La disciplina debe estar preparada para el futuro, diseñada para durar incluso cuando cambien las circunstancias.

Los pilares inquebrantables de la disciplina

Aunque muchos hábitos evolucionarán con el tiempo, unos pocos deberían seguir siendo innegociables: **los** anclajes básicos que te mantienen anclado a tierra, independientemente de lo que cambie a tu alrededor.

A sus 98 años, la Dra. Brenda Milner, neuróloga de renombre mundial, sigue yendo a trabajar cada día. Sus investigaciones sobre la memoria dieron forma a la neurociencia moderna y su compromiso con el crecimiento intelectual nunca decayó. Su carrera ha evolucionado, pero su principal ancla -el aprendizaje permanente- ha permanecido intacta.

La clave del éxito a largo plazo no es mantenerlo *todo,* sino saber qué hábitos son *demasiado valiosos para perderlos.* Éstos son los anclajes que, pase lo que pase, nunca deben abandonarse.

Una **lista para siempre** ayuda a identificarlas:

- ¿Qué rutinas le hacen sentirse más centrado, sano o agudo?
- ¿Qué hábitos le han aportado más beneficios a largo plazo?
- ¿Qué prácticas te mantienen con los pies en la tierra por mucho que cambie la vida?

Tus anclas básicas te sostendrán en todas las fases de la vida. Warren Buffett sigue siendo famoso por "bailar claqué" para ir a trabajar. Encuentra lo que amas y no pares. Primero alimentas tu disciplina. Luego, tu disciplina te alimenta a ti.

La clave de la longevidad en la disciplina

Una de las principales razones por las que las personas pierden la disciplina no es por falta de fuerza de voluntad, sino porque no consiguen adaptarse a los cambios de la vida.

Un padre primerizo que meditaba 30 minutos al día quizá ya no pueda permitirse ese lujo. Pero en lugar de renunciar a ello, podrían adaptarse a meditaciones de cinco minutos mientras el bebé duerme la siesta.

Un ejecutivo de empresa que se jubila puede tener problemas con la estructura. En lugar de perder su rutina, puede orientar la disciplina hacia proyectos personales o nuevas oportunidades de aprendizaje.

Las personas que mantienen la disciplina durante más tiempo encuentran formas creativas de pivotar en lugar de abandonar.

Cuando el educador y filósofo japonés Shigeaki Hinohara cumplió 75 años, rediseñó la estructura de su vida para dar prioridad a la salud, el movimiento y la estimulación intelectual diaria. Vivió hasta los 105, trabajando y escribiendo hasta el final. ¿Su secreto? Ajustó sus hábitos con cada década, manteniendo viva la disciplina de diferentes formas.

Un **libro de jugadas de pivote** ayuda a prepararse para las transiciones de la vida:

1. **Identificar los cambios importantes que se avecinan** (cambios profesionales, envejecimiento, cambios familiares).
2. **Redefina las rutinas: si** algo ya no encaja, ajústelo en lugar de abandonarlo.
3. **Mantenga su compromiso con los fundamentales: la** valores*forma* de disciplina puede cambiar, pero los *principios* permanecen.

Las personas con más éxito no son rígidas: evolucionan, asegurándose de que sus hábitos duren lo que duran.

La disciplina no es sólo para ahora, es para toda la vida.

Diseñando hábitos que evolucionen con la edad, anclando los principios básicos y aprendiendo a pivotar cuando sea necesario, puedes construir un **marco para siempre** que mantenga viva la disciplina sin importar adónde te lleve la vida.

El remedio de la recaída

Incluso las personas más disciplinadas tropiezan. Los deportistas se saltan los entrenamientos, los empresarios pierden la motivación e incluso las personas más centradas admiten momentos de distracción. La diferencia entre los que tienen éxito a largo plazo y los que abandonan no es que los que tienen éxito nunca fallen, sino que saben recuperarse rápidamente y seguir avanzando.

Un lapsus no significa que todo esté perdido. La capacidad de corregir el rumbo rápidamente es lo que separa la disciplina para toda la vida de la motivación efímera. Si alguna vez has abandonado un hábito tras faltar unos días o has dejado que un pequeño fallo se convirtiera en un gran contratiempo, no eres el único. El problema no es el desliz en sí, sino dejar que se convierta en algo mayor. La clave de la disciplina de por vida es detectar los pequeños errores antes de que se conviertan en recaídas, recuperarse con acciones sencillas y seguir adelante sin sentirse culpable.

Atrapar el resbalón antes de que se convierta en caída

Saltarse una sola sesión de ejercicio no borra meses de progreso, pero saltársela repetidamente puede poner a una persona de nuevo a cero. Perderse una sesión de escritura no arruina un libro, pero evitarla constantemente lleva a abandonar borradores. Cuando un error se convierte en dos, y luego en tres, se forma un nuevo hábito: el hábito de parar.

Las personas no fracasan porque metan la pata una vez. Fracasan porque dejan que el desliz pase desapercibido hasta que es demasiado tarde para recuperar el impulso.

En los estudios sobre pérdida de peso, los investigadores han descubierto que las personas que recuperan peso después de hacer dieta suelen seguir un patrón predecible: una "comida trampa" se convierte en toda una semana de mala alimentación y, en lugar de corregir el comportamiento a tiempo, justifican la indulgencia continuada. El verdadero problema no es el primer error, sino no corregir el rumbo cuando las cosas empiezan a torcerse.

Una de las mejores formas de evitar esta espiral descendente **es tomar conciencia a tiempo**. Reconocer cuándo se está perdiendo la disciplina es el primer paso para evitar una recaída. Entre las señales que hay que tener en cuenta se encuentran la disminución del entusiasmo por un hábito, las justificaciones que empiezan a aparecer - "Mañana volveré a la rutina" o "Una vez no importa"- y las alteraciones de la rutina.

Cuanto antes se reconozcan estas señales de alarma, más fácil será reajustarse antes de perder demasiado terreno.

Reponerse con pequeños pasos

Una vez que se rompe un hábito, muchas personas creen que necesitan compensar el tiempo perdido. Un corredor que se salta tres días de entrenamiento puede intentar esforzarse al máximo para "compensar" el lapso. Un estudiante que se retrasa en los estudios puede intentar estudiar toda la noche para recuperar el ritmo. Esta mentalidad suele conducir al agotamiento y al fracaso, ya que ejerce una presión innecesaria sobre la recuperación.

Meb Keflezighi, corredor profesional de maratón, sufrió una lesión que le impidió entrenar durante meses. En lugar de intentar volver a la intensidad máxima, empezó con sesiones pequeñas y manejables, reconstruyendo gradualmente su resistencia. Un año después, ganó el maratón de Boston, demostrando que el regreso lento y constante conduce al éxito duradero.

La forma más rápida de recuperarse de un lapsus no es esforzarse más, sino volver a empezar de la forma más pequeña y sencilla posible. Escribir una sola frase después de faltar varios días al trabajo es mejor que intentar terminar un capítulo entero de una sentada. Una sola flexión después de saltarse el entrenamiento durante una semana es mejor que una sesión insostenible de dos horas en el gimnasio.

La clave es **el impulso por encima de la intensidad**. Cuando vuelvas a la pista, céntrate en:

- Volver a empezar con la versión más pequeña del hábito para eliminar la resistencia.
- Evitar el autocastigo: el objetivo es recuperar el ritmo, no sufrir por un esfuerzo excesivo.
- Comprometerse con la siguiente acción en lugar de obsesionarse con el error.

Ningún regreso tiene por qué ser perfecto. Acepta la belleza de la imperfección. Concéntrate en volver a ser coherente.

Liberarse de la culpa y seguir adelante

A muchas personas no sólo les cuesta salirse del camino, sino también cómo se ven a sí mismas después de un contratiempo. Pasan de "me he saltado el entrenamiento" a "soy un vago". Pasan de "he pospuesto esta tarea" a "no puedo concentrarme". Este tipo de discurso negativo refuerza el fracaso y dificulta la recuperación.

Se ha demostrado que la autocompasión, más que la autocrítica, es uno de los factores que mejor predicen el éxito a largo plazo. Los estudios sugieren que quienes se perdonan a sí mismos por los errores tienen más probabilidades de retomar sus hábitos, mientras que quienes se refugian en la culpa tienden a caer más en la inactividad.

J.K. Rowling, antes de convertirse en una de las autoras de más éxito de todos los tiempos, se enfrentó a múltiples fracasos y rechazos. En lugar de ver los reveses como una prueba de que no era capaz, los trató como parte del proceso, centrándose en el aprendizaje en lugar de culparse a sí misma.

Una de las formas más eficaces de superar una recaída es **replantear el fracaso como una retroalimentación**. En lugar de pensar: "He fallado, así que no soy disciplinado", pregúntate: "¿Qué puedo aprender de esto?". Identificar la causa del desliz -ya sea el agotamiento, el estrés o la falta de planificación- convierte el error en una lección.

La culpa no reconstruye hábitos. La acción sí. Cuanto antes se pase del arrepentimiento al siguiente paso, antes se recuperará la disciplina.

La disciplina no consiste en no resbalar nunca, sino **en no parar nunca**

Los fallos son inevitables. Lo importante no es evitar el fracaso, sino dominar la recuperación. Si detectas los contratiempos a tiempo, retomas los hábitos de la forma más sencilla posible y sigues adelante sin sentirte culpable, la disciplina se convierte en algo duradero.

El legado del control

En algún momento, la disciplina se convierte en algo más que una práctica personal: se convierte en algo que da forma al mundo que te rodea. Las personas más disciplinadas no sólo transforman su propia vida, sino que **dejan un impacto duradero en los demás**.

Una vida de disciplina no consiste sólo en lo que consigues. Se trata de los hábitos, las lecciones y la mentalidad que transmites. Ya sea a través de la tutoría, la influencia o el ejemplo que das, tu compromiso con la disciplina se extiende más allá de ti.

Todos los grandes líderes, profesores e innovadores tienen esta responsabilidad. Su disciplina no sólo impulsó su éxito, sino que *se extendió hacia el exterior*, cambiando las vidas de quienes les siguieron.

Transmitir la disciplina a los demás

Enseñar algo es una de las formas más rápidas de consolidar tu propio dominio. Cuando enseñas a alguien, ya sea un amigo, un colega o tu propio hijo, refuerzas los mismos hábitos que quieres mantener.

Un padre que enseña a sus hijos el valor de la autodisciplina no sólo forja su futuro, sino que refuerza su propia disciplina. Un líder que inculca la concentración en un equipo no sólo mejora la productividad, sino que ellos mismos se exigen más.

Muchas de las mentes más brillantes de la historia así lo entendieron. Benjamín Franklin, una de las figuras más disciplinadas de la historia, no se limitó a mantener sus hábitos estructurados para sí mismo: fue mentor de otros, escribió sobre superación personal y se aseguró de que sus lecciones perduraran más allá de su propia vida. *Sus 13 Virtudes -un* código de disciplina autoimpuesto- se convirtieron en un modelo para las generaciones venideras.

Enseñar disciplina con eficacia:

- Predique con el ejemplo: la gente no sigue las palabras, sino los hechos.

- Comparta las lecciones de forma que sean accesibles.
- Ofrecer tutoría y responsabilidad a quienes necesiten orientación.

Cuando enseñas disciplina, te aseguras de que su impacto perdure más allá de tu propia vida. Comparte las ideas de este libro que has probado y que más te han ayudado. Tu historia personal puede ser la mayor inspiración para las personas que te rodean. Comparta los "Quick Micro Wins" que le hayan resultado más útiles. Algo mágico sucede cuando enseñas. Automáticamente subes de nivel aquello que enseñas.

Medir el alcance de su influencia

Es fácil pasar por alto cómo los pequeños hábitos crean grandes ondas. Un solo acto de disciplina -levantarse temprano, comprometerse a trabajar duro, ser constante- puede inspirar a otros de una forma que quizá nunca veas.

Un maestro de escuela enseñó a sus alumnos unos hábitos sencillos pero poderosos para fijar objetivos, sin darse cuenta del impacto duradero que tendrían. Décadas más tarde, muchos de esos alumnos echaron la vista atrás y atribuyeron a esas lecciones la configuración de sus carreras y sus vidas personales. Lo que empezó como una pequeña práctica en el aula se convirtió en un efecto dominó que influyó en el éxito de varias generaciones.

La disciplina no se limita a la superación personal, sino que tiene repercusiones invisibles. Las palabras de un mentor pueden inspirar un gran avance. Un libro sobre productividad puede cambiar los hábitos de un lector para toda la vida. Tu forma de vivir puede inspirar la forma de pensar y actuar de los demás.

Haz inventario de tu propio impacto:

- ¿A quién ha influido su disciplina o incluso la falta de ella?
- ¿Cómo han afectado tus hábitos a los demás, directa o indirectamente?
- ¿Qué lecciones has transmitido sin darte cuenta?

Cada acción disciplinada deja una huella, a veces de una forma que nunca conocerás del todo. Un noble objetivo es esforzarse por ser un ejemplo, no una advertencia. No queremos malgastar años de nuestras vidas para convertirnos, en última instancia, en una advertencia andante para la siguiente generación.

Construir un legado que le sobreviva

¿Qué aspecto tendrá la disciplina dentro de varias décadas? ¿Cómo seguirán influyendo tus hábitos en el mundo mucho después de que te hayas ido?

Los que dejan mayor huella piensan más allá de sí mismos. Su disciplina no se limita a los logros personales, sino que trata de garantizar que su trabajo, sus valores y su mentalidad perduren mucho después de que se hayan ido.

El legendario inversor Charlie Munger pasó décadas perfeccionando sus principios de toma de decisiones, concentración y pensamiento racional. Pero no sólo los utilizó para su propio éxito, sino que los compartió a través de discursos, escritos y tutorías. Mucho después de su muerte, sus ideas siguen formando a inversores, empresarios y pensadores.

Crear un legado duradero de disciplina:

- Piense en décadas, no sólo en días: ¿qué hábitos le servirán a largo plazo?
- Documenta lo que has aprendido: diarios, libros o incluso pequeñas notas pueden durar toda la vida.

- Planifica lo que vendrá después: ¿qué construirás, enseñarás o compartirás para mantener viva la disciplina más allá de tu propio viaje?

La eternidad empieza hoy. Las acciones que realizas ahora sientan las bases de algo más grande que tú mismo.

Microganancias rápidas

1. **Escriba sus principios básicos:** aunque nadie los lea hoy, pueden servir de guía a alguien en el futuro.
2. **Sé el ejemplo: tus** hábitos, rutinas y disciplina inspirarán a los demás más que cualquier palabra.
3. **Enseñe un pequeño hábito a alguien más joven:** una simple lección puede convertirse en una práctica para toda la vida.
4. **Reflexiona sobre tu impacto:** haz un inventario de cómo tu disciplina ha influido en los demás y qué quieres seguir compartiendo.

La disciplina no es sólo para ti, sino para todos los que sigan tus pasos. Tu compromiso con la disciplina, la constancia y la concentración pueden crear ondas que duren toda una vida.

Capítulo 10
La maestría desatada

Esperemos que la persona que comenzó este viaje no sea la misma que está leyendo esto ahora.

Cuando empezaste, puede que la disciplina te pareciera una lucha, algo a lo que tenías que obligarte, algo que requería esfuerzo, algo fuera de tus instintos naturales. Espero que con cada capítulo, desde la creación de hábitos hasta la superación de contratiempos y el aumento de tu disciplina, ya no estés simplemente "intentando" ser disciplinado. Eso espero: **Ahora eres disciplinado.**

La maestría nunca tiene que ver con la validación externa o la perfección, sino con *asumir* la disciplina como parte de uno mismo. La etapa final de este viaje no se trata sólo de mantener hábitos. Se trata de operar a un nivel en el que la disciplina sea una segunda naturaleza.

Ya has hecho el trabajo. Ahora, vamos a entrar en la mentalidad de alguien que ordena su yo disciplinado con facilidad.

La mentalidad de dominio

En los niveles más altos de cualquier campo -deportes, negocios, artes- hay un rasgo común entre los maestros. No consideran la disciplina como algo que "hacen". La ven como **lo que son**.

Los deportistas de élite no necesitan convencerse a sí mismos para entrenar. Los escritores de éxito no se debaten entre sentarse o no a crear. Lo hacen porque han **interiorizado** su disciplina. Ya no es una elección, forma parte de su identidad.

Muhammad Ali dijo una vez: "*Soy el más grande. Lo dije incluso antes de saber que lo era*". Sus palabras no eran arrogancia; eran un reflejo de su fe en sí mismo mucho antes de que el mundo reconociera su maestría. Su confianza no era externa, sino algo que construyó desde dentro.

Tu identidad impulsa tus acciones. Si te ves a ti mismo como alguien a quien le cuesta concentrarse, siempre lucharás contra la distracción. Pero si te ves a ti mismo como una persona disciplinada, estructurada y centrada, todas tus acciones estarán en consonancia con esa identidad.

Hazte cargo de tu mentalidad:

- **Afirme su disciplina a diario.** Una simple creencia - *"Soy disciplinado"*- puede cambiar tu forma de actuar. Ya sabes cuál es mi favorita. "Lo hago AHORA" es mágico para mí.
- **Elimina las dudas.** La disciplina no consiste en ser perfecto, sino en ser constante.
- **Deja de "intentarlo" y empieza a serlo**. Cuando ya no tengas que forzar la disciplina, la habrás dominado.

Recuerda: si piensas, ganas. Aunque ahora te parezca increíble, cree que eres *esa* persona, ese ser disciplinado.

Compuesto de confianza

Cada éxito, por pequeño que sea, refuerza la confianza. Cuantas más veces sigas una disciplina, mayor será tu confianza en ti mismo.

Los psicólogos lo llaman *autoeficacia, es decir, la* creencia en la propia capacidad para tener éxito. Es uno de los factores que mejor predicen los logros a largo plazo. Los que confían en su capacidad para mantener la disciplina superarán a los que dudan constantemente de sí mismos.

Pensemos en la transformación de Mel Robbins. Luchaba contra la ansiedad y la procrastinación, sintiéndose constantemente estancada. Un día, introdujo una sencilla regla: **contar hasta cinco antes de pasar a la acción.** *La Regla de los 5 Segundos* se convirtió en un hábito, luego en un estilo de vida y más tarde en un movimiento mundial que ayudó a millones de personas a superar la procrastinación.

Lo que empezó como una pequeña victoria, que para Mel era salir de la cama a la hora, se convirtió en la base de una confianza y una transformación completas. Construir confianza a través de la disciplina sigue esta fórmula:

1. **Las pequeñas acciones conducen a pequeñas victorias.**
2. **Las pequeñas victorias conducen al éxito constante.**
3. **El éxito constante conduce a una fe inquebrantable.**

Para consolidar tu confianza, crea una *pila de pruebas: una* colección de logros pasados que te recuerden tu disciplina. Cada vez que dudes, repasa tus éxitos, por pequeños que sean.

La maestría no es cuestión de talento o suerte, sino de demostrarse a uno mismo, una y otra y otra y otra y otra vez, que se es capaz.

Los techos que ves son ilusiones

La última etapa de la disciplina consiste en darse cuenta de que no hay límites para lo que se puede conseguir.

La mayoría de las personas actúan dentro de límites artificiales: creencias autoimpuestas sobre lo que son *capaces* de hacer, lo que *merecen* y lo que es *realista*. Estos límites no son reales. Son construcciones del hábito, del entorno y de condicionamientos pasados.

Arnold Schwarzenegger creció en un pequeño pueblo austriaco. Nadie de su ciudad natal había hecho nunca nada extraordinario y, sin embargo, de niño decidió que se convertiría en el mejor culturista del mundo. Y lo consiguió. Luego decidió que sería una estrella de Hollywood. Y lo consiguió. Luego se convirtió en gobernador de California.

Su éxito no se debió a su talento natural ni a sus contactos. Se trataba de negarse a aceptar las limitaciones. Pregúntese a sí mismo:

- ¿Qué perseguiría si supiera que no puedo fracasar?
- Si pudiera ser la versión más disciplinada de mí mismo, ¿qué conseguiría?
- ¿En qué aspectos de mi vida *me limito* basándome en falsas suposiciones?

La misma disciplina que te ha traído hasta aquí, hasta esta página, es la que te permitirá superar tu techo actual. El futuro está abierto de par en par, y la disciplina es la clave para liberar todo su potencial.

Tú eres así

La maestría no consiste en una ejecución perfecta. Se trata de alcanzar un nivel en el que la disciplina deje de ser una lucha. No necesitas forzarla. No necesitas motivación. No necesitas recordatorios. Eres disciplinado porque te ves a ti mismo como disciplinado. Haces las cosas difíciles, incluso cuando no te apetece. Te centras en las microvictorias y éstas se convierten en macrovictorias. Simplemente eres así.

Este es el nivel más alto de éxito: no sólo comprender la disciplina, sino **convertirse en ella**.

La tumba de la dilación

La versión de ti que dudaba, pensaba demasiado y retrasaba la acción ya no existe.

La procrastinación no es un rasgo de la personalidad, es un comportamiento aprendido. Y, como cualquier hábito, puede sustituirse. En su lugar, ha creado un sistema que convierte la acción en su respuesta predeterminada. El cambio es profundo: se acabaron las esperas por motivación y las pérdidas de tiempo por indecisión. Sólo movimiento, impulso y finalización.

Los disciplinados no esperan. Empiezan. Terminan. No dejan ninguna tarea sin hacer. Aquí es donde se entierra la procrastinación para siempre.

Acción por defecto

La vacilación no es más que procrastinación disfrazada de precaución. Cuanto más te detengas ante una tarea, más difícil te resultará empezarla. La mente crea resistencia, dando vueltas a las excusas hasta que la acción parece imposible.

Pensemos en la historia de Richard Branson, el empresario multimillonario que está detrás de Virgin Group. No construyó un imperio analizando en exceso cada decisión: pasó a la acción, a menudo antes de sentirse "preparado". Cuando fundó Virgin Atlantic, no tenía experiencia en el sector aéreo. La idea se le ocurrió cuando cancelaron su vuelo y, en lugar de quejarse, fletó un avión, lo llenó de pasajeros y convirtió la experiencia en un negocio.

¿Su filosofía? **"A la mierda, hagámoslo".** Comprendió que esperar al momento perfecto sólo lleva a perder oportunidades.

La procrastinación muere cuando le quitas su oxígeno: **la indecisión.** En cuanto reconozcas la indecisión, actúa de inmediato. Las pequeñas acciones conducen a pequeñas victorias. Las pequeñas victorias se convierten en una disciplina imparable.

La regla es sencilla: **Si sientes el impulso de retrasarte, actúa en menos de cinco segundos.**

Sin pensar. Sin analizar. Sólo muévete.

El poder de los arranques rápidos

Los estudios de psicología conductual revelan una poderosa verdad: *cuanto más se retrasa una tarea, más difícil resulta empezarla.* Cada momento que pasas dándole vueltas a las cosas crea una resistencia adicional.

El profesor Piers Steel, autor de *La ecuación de la procrastinación*, descubrió que las personas que inician tareas rápidamente -aunque sea de forma imperfecta- tienen muchas más probabilidades de terminarlas que las que intentan "prepararse" antes de empezar.

Un ejemplo muy conocido de este principio es el de James Dyson, el inventor de la aspiradora Dyson. No se pasó años teorizando sobre cómo construir el prototipo perfecto. En su lugar, construyó más de **5.000 prototipos fallidos** antes de crear su primer diseño exitoso. Se movió rápido, aprendió de la acción y perfeccionó su proceso haciendo, no esperando.

Otro caso: un ingeniero de software llamado Ryan luchó durante años para terminar sus proyectos personales. Se entusiasmaba con una idea, pero luego postergaba su ejecución. Un día, estableció **la regla de los cinco primeros sprints: antes de** hacer cualquier otra cosa en el día, dedicaría los cinco primeros minutos a avanzar inmediatamente en un proyecto. Sin presiones ni expectativas, sólo el compromiso de empezar.

Esos cinco minutos siempre se convertían en algo más. Un comienzo rápido evita la fricción mental de empezar. Si una tarea te parece abrumadora, redúcela a los primeros cinco minutos. Eso es todo lo que hace falta para romper la inercia.

Enterrar para siempre el trabajo incompleto

El trabajo inacabado desordena la mente. Permanece en segundo plano, creando estrés y agotando la energía mental. Los cabos sueltos exigen atención y te dejan atrapado en un ciclo de bucles abiertos.

Este principio tiene su origen en el **efecto Zeigarnik**, un fenómeno psicológico por el que las tareas inacabadas consumen más ancho de banda mental que las completadas. Esto explica por qué las personas se sienten ansiosas ante las tareas pendientes, aunque no estén trabajando activamente en ellas.

Tomemos el ejemplo de Sheryl Sandberg, antigua Directora de Operaciones de Meta. Conocida por su implacable ejecución, Sandberg aplicaba una regla que ella llamaba **"hecho es mejor que perfecto"**. Entendía que el perfeccionismo conduce a la procrastinación, por lo que se centró en completar las tareas en lugar de refinarlas sin cesar. Este enfoque le ayudó a ampliar equipos, lanzar proyectos de forma eficiente y mantener una alta productividad sin agotarse.

Otro ejemplo: Jessica, madre trabajadora, se sentía constantemente abrumada por las tareas domésticas, los plazos del trabajo y los objetivos personales. Su gran avance se produjo cuando puso en práctica un **sistema de seguimiento de "tareas diarias": en** lugar de añadir más tareas a su lista, se comprometió a **completar** algo cada día. Ya fuera terminar un proyecto de trabajo, cerrar un hilo de correo electrónico abierto o hacer un recado, se aseguraba de que las tareas quedaran resueltas.

Si no merece la pena terminar algo, hay que dejarlo ir. Si es importante, entierra las dudas y hazlo.

El éxito redefinido

La disciplina fue una vez el puente entre donde estabas y donde querías estar. Ahora, simplemente forma parte de ti. ¿Y ahora qué? ¿Qué ocurre cuando ya no tienes que luchar por la disciplina, cuando se convierte en algo automático, sin esfuerzo?

La respuesta es **la libertad**.

La maestría desatada 125

El éxito no consiste sólo en alcanzar hitos externos. Se trata del dominio interno: saber que, independientemente de los retos que surjan, tienes el poder de superarlos. Este capítulo trata de redefinir el éxito según tus propios términos, desbloquear la verdadera libertad y garantizar que tu impacto te sobreviva.

Ya has construido los cimientos. Ahora, elevémosla a algo aún mayor.

La definición del éxito es suya

Para la mayoría de la gente, el éxito es un blanco móvil. Alcanzan un objetivo, pero lo sustituyen por otro nuevo. Alcanzan un hito pero se sienten insatisfechos. Eso se debe a que nunca se han parado a definir **qué significa realmente el éxito para ellos**.

Sin una visión clara, te arriesgas a perseguir una vida que nunca estuvo hecha para ti.

Tomemos la historia de Howard Schultz, el hombre detrás de Starbucks. Criado en un barrio pobre, su primera definición del éxito era sencilla: salir de la pobreza. Pero cuando construyó una empresa multimillonaria, se dio cuenta de que el éxito financiero no era suficiente. Quería crear una empresa que tratara a los empleados como si fueran de la familia, que ofreciera asistencia sanitaria y oportunidades a los de origen humilde. Su visión del éxito evolucionó y, en lugar de perseguir un crecimiento sin fin, se centró en lograr un impacto significativo.

El éxito es algo profundamente personal. Pregúntatelo a ti mismo:

- ¿Qué es lo que realmente quiero, y no lo que la sociedad me dice que quiero?
- Si eliminara el estatus, el dinero y la validación externa, ¿cómo sería el éxito?

- ¿Qué tipo de trabajo, relaciones y vida me harían sentir orgulloso?

Tienes la disciplina necesaria para conseguir lo que te propongas. Ahora, fíjate en algo que realmente te importe.

La disciplina abre la verdadera libertad

Al principio de este viaje, la disciplina puede parecerte una restricción, un conjunto de normas que limitan lo que puedes hacer. Pero, en realidad, la disciplina es lo que hace **posible la libertad**.

Las personas más disciplinadas del mundo son también las más libres. ¿Por qué? Porque tienen control. Control sobre su tiempo, sus hábitos, sus acciones. No son esclavas de distracciones, impulsos o emociones.

Tim Ferriss, autor de *La semana laboral de 4 horas*, se dio cuenta de esto de primera mano. Al principio perseguía el éxito en forma de riqueza económica, trabajando muchas horas y quemándose. Pero con el tiempo, se dio cuenta de que el verdadero éxito no consistía en trabajar más, sino en **ser dueño de su tiempo**. Automatizó su negocio, eliminó tareas innecesarias y construyó una vida en la que podía pasar meses viajando sin dejar de prosperar profesionalmente.

La libertad no consiste en escapar del trabajo. Se trata de diseñar una vida en la que el trabajo, el descanso y la pasión coexistan a tu manera.

Dedica un momento a enumerar qué significa para ti la libertad. Quizá sea tener tiempo para viajar. Tal vez sea la independencia económica. Tal vez sea estar plenamente presente con la familia, o la capacidad de perseguir pasiones creativas sin estrés financiero.

Sea cual sea tu respuesta, la disciplina es la clave para desbloquearla. Cuando te controlas a ti mismo, controlas tu futuro.

¿Qué dejará atrás?

La última etapa de la disciplina no se refiere sólo al éxito personal. Se trata del impacto.

La verdadera maestría no se mide por lo que consigues, sino por lo que influyes en los demás.

Por ejemplo, Nelson Mandela. Pasó 27 años en la cárcel, pero nunca dejó que su mente o su espíritu se quebraran. Salió fortalecido, utilizando su disciplina y resistencia para sacar a Sudáfrica del apartheid. Su éxito no fue sólo suyo, sino que se extendió por generaciones.

No necesitas cambiar el mundo a escala global. Tu legado pueden ser las lecciones que transmites a tus hijos, el negocio que creas para apoyar a tu comunidad o el ejemplo que das a quienes te admiran.

Considéralo:

- ¿Qué mensaje quiero que deje mi vida?
- ¿Qué lecciones puedo transmitir que me sobrevivan?
- ¿Cómo puedo utilizar mi disciplina para crear un impacto duradero?

El éxito no consiste en cuánto ganas. Se trata de cuánto devuelves.

Microganancias rápidas

Para integrar plenamente las lecciones de este capítulo, prueba estas pequeñas pero poderosas acciones:

1. **Escriba su declaración de éxito.** Define el éxito en una frase clara. Ejemplo: *Para mí, el éxito significa tener*

pleno control sobre mi tiempo, hacer el trabajo que me gusta y tener un impacto positivo en los demás.
2. **Crea una lista de libertad.** Escribe tres cosas en las que quieras tener más libertad (por ejemplo, tiempo, finanzas, trabajo creativo). A continuación, enumera una acción disciplinada que te ayude a conseguir cada una de ellas.
3. **Establece un objetivo de legado.** ¿Qué quieres dejar atrás? Identifica un hábito, proyecto o cambio de mentalidad que cree un impacto duradero.
4. **Realice una auditoría del éxito.** Revise sus objetivos actuales. ¿Están alineados con tu verdadera definición de éxito o se basan en expectativas externas? Ajústelos en consecuencia.

Conclusiones: El legado de Micro

Una pequeña disciplina puede reescribir tu vida.

Quizá empezó despertándose diez minutos antes. Quizá fue decir no a las distracciones. Tal vez fue obligarte a empezar, incluso cuando no te apetecía. Sea cual sea el hábito, puede desencadenar algo más grande de lo que esperas.

Afortunadamente, no sólo piensas en la autodisciplina, sino que la vives.

Tal vez hayas pasado de ser alguien que luchaba contra la incoherencia, la dilación y la duda a alguien que se presenta, sigue adelante y prospera. Tal vez hayas construido una base interior tan fuerte que ningún contratiempo, ninguna tentación, ninguna fuerza externa pueda sacudirla. O puede que aún estés en tu viaje hacia el autodominio. En cualquier caso, ¡enhorabuena!

¿Y ahora qué?

Este no es el final de tu viaje. Es el comienzo de una nueva forma de vida.

La transformación que has creado

Piensa en la primera vez que cogiste este libro. Puede que sintieras que te faltaba disciplina. Puede que lucharas contra la procrastinación, las dudas sobre ti mismo o la incoherencia. Querías controlar tus hábitos, tu tiempo y tu futuro, pero, de alguna manera, siempre se te escapaba.

Ahora, las cosas son diferentes.

Cada capítulo de este libro fue un paso adelante, desde romper el sabotaje mental hasta redefinir la autodisciplina como un sistema, no como una lucha. Desde la superación de la procrastinación hasta la creación de hábitos que hacen que la disciplina no requiera esfuerzo. La persona que lee este último capítulo no es la misma que empezó el primero.

Has aprendido a convertir el caos en control, la duda en acción, el esfuerzo disperso en dominio enfocado.

Los cambios no se produjeron de la noche a la mañana. Fueron **micropequeños**, estratégicos e implacables.

Si pudieras volver atrás y hablar con tu yo del pasado, ¿qué le dirías? ¿Le dirías que la disciplina nunca consiste en ser perfecto, sino en ser constante? ¿Les dirías que la motivación nunca fue la respuesta, sino los sistemas? ¿Les demostrarías que los hábitos más pequeños lo cambian todo?

El fin del retraso

La procrastinación ya no te define.

Antes dudabas ante los grandes proyectos. Posponías las cosas difíciles porque te parecían abrumadoras. Esperabas la motivación, la energía o el "momento adecuado". ¿Pero ahora? Actúas. Empiezas antes de sentirte preparado. Das pequeños pasos y dejas que se acumulen.

Reflexione sobre su primera **victoria real:** la primera vez que aplicó uno de estos principios y vio que funcionaba. Tal vez fue la "regla de los cinco segundos" para dejar de dudar. Puede que fuera el "sprint de los cinco primeros" para coger impulso. Tal vez fue terminar una tarea largamente evitada sólo porque te dijiste a ti mismo: *"Hecho es mejor que perfecto".*

Esa victoria no fue algo puntual. Fue el **comienzo de un nuevo patrón**.

La procrastinación ya no tiene poder sobre ti. Está enterrada. Para siempre.

El poder multiplicador de los hábitos

Las pequeñas acciones que antes subestimabas ahora se han convertido en algo innegable.

Piensa en los hábitos que has creado, en las micromisiones que parecían insignificantes al principio pero que se han convertido en algo enorme. Quizá empezaste escribiendo 50 palabras al día y ahora escribes constantemente en tu diario, escribes en tu blog o terminas proyectos. Tal vez empezaste con cinco minutos de ejercicio diario y ahora has creado un hábito físico que es algo natural.

Las matemáticas son sencillas: **un 1% de mejora cada día = 37 veces de mejora en un año**.

El éxito no es un avance repentino. Es una construcción lenta que se convierte en imparable. Ahora eres la prueba viviente de que los pequeños hábitos importan. Celébralo.

Porque lo que empezó como una chispa es ahora un incendio. Y los incendios no se apagan fácilmente.

Vivir Micro

Ya no tienes que forzar la disciplina. Fluye de forma natural.

¿Y lo mejor? No se trata sólo del trabajo, los objetivos o los hábitos. Se aplica a todo: tus relaciones, tu salud, tu mentalidad, tu capacidad para superar los retos de la vida.

El reto de un minuto

Si quieres asegurarte de que esto dure para siempre, aquí tienes tu reto final:

Cada día, realiza una microacción que refuerce tu disciplina.

Puede ser tan sencillo como:

- Hacer la cama con toda la atención
- Hacer una repetición más en el gimnasio
- Escribir una frase de más
- Decir no a una distracción
- Exigirse a sí mismo un mayor nivel de exigencia a pequeña escala

Pequeñas acciones, cada día. Así es como se mantiene el vivo .**microfuego**

Fusión de mentalidades

Cuando las personas luchan con la disciplina, a menudo creen que se trata de lo que *hacen*. Piensan que se trata de forzar hábitos, vencer resistencias o seguir rutinas estrictas.

Pero la verdadera disciplina no tiene que ver con *lo que haces*. Se trata **de quién eres**.

Los disciplinados no dependen de fuerzas externas. No necesitan motivación o responsabilidad constantes. Han fusionado lo que son con su forma de actuar.

Esta es ahora tu identidad.

En el momento en que dices: "Soy disciplinado" y actúas en consecuencia, todo cambia. Ya no se trata de fuerza de voluntad, sino de alineación.

Un árbol no intenta crecer. Simplemente crece. Tú no intentas ser disciplinado. Simplemente lo eres.

Sistema Sustain

¿Cómo asegurarse de que este impulso nunca decaiga? Manteniendo el sistema.

Todos los grandes artistas, desde los atletas hasta los empresarios, entienden que la maestría no consiste en alcanzar un punto máximo y detenerse, sino en mantenerse en movimiento.

- **Revisa tus hábitos con regularidad:** ¿te están sirviendo o necesitan un ajuste?
- **Siga escalando: cuando** los hábitos le parezcan demasiado fáciles, aumente el reto.
- **Elimina las distracciones antes de que aparezcan: la disciplina** no consiste sólo en hacer, sino en proteger lo que importa.

No eres disciplinado sólo para hoy. **Eres disciplinado para toda la vida.**

Inspirar a los demás

Toda persona que domina la disciplina tiene una responsabilidad, no sólo consigo misma, sino con los demás. Ahora tienes algo poco común: control real sobre tus acciones, hábitos y mentalidad.

Ese control puede cambiar la vida de quienes te rodean.

Alguien en su vida está luchando ahora con las mismas cosas que usted hizo una vez. Luchan diariamente contra la procrastinación, la incoherencia y la frustración. Puede que incluso crean que están atrapados.

Demuéstrales que no lo son.

No tienes que predicar ni sermonear. Sólo sé el ejemplo. Que vean tu constancia, tu autocontrol, tu capacidad para seguir adelante. Porque cuando te vean transformarte, creerán que también es posible para ellos.

Ganancias mundanas

Los pequeños hábitos no sólo cambian a las personas. Cambian el mundo. Todos los grandes movimientos, inventos y transformaciones empezaron con una persona que decidió ser disciplinada.

Imagina que más gente aplicara estos principios.

- Si los líderes dirigieran con disciplina en lugar de impulso.
- Si los alumnos comprendieran realmente la coherencia desde el principio.
- Si las empresas se centraran en la excelencia a largo plazo por encima de las victorias a corto plazo.

El mundo no cambia a pasos agigantados. Se cambia con pequeñas acciones diarias y disciplinadas que se acumulan con el tiempo.

Eso significa que **tu parte importa**.

Aunque sólo cambies tu propia vida, el impacto se extiende más allá de lo que crees.

Lo que has construido aquí no durará sólo un mes o un año. Durará toda la vida. La disciplina es el rasgo que sobrevive a todos los demás. No se desvanece como la motivación. No se desmorona bajo presión. No se la lleva la suerte ni las circunstancias. Permanece.

Y cuando lo transmitas, ya sea a tus hijos, a tu equipo o a las personas que te admiran, te sobrevivirá. Este es tu legado.

Tu disciplina **resonará** más allá de ti.

La revolución no termina aquí.

Empieza ahora.

Mantener el impulso

Ahora que tienes las herramientas para construir una autodisciplina inquebrantable, aplastar la procrastinación y tomar el control de tus hábitos, es hora de transmitir ese conocimiento.

Al compartir tus opiniones sobre *la Microdisciplina*, ayudarás a otros lectores -como tú- a encontrar la misma orientación que necesitan para pasar finalmente a la acción y crear un cambio duradero.

La mayoría de las personas descubren libros que les cambian la vida a través de las reseñas. Tu opinión sincera puede ser la razón por la que alguien coja este libro y empiece a transformar sus rutinas diarias.

Gracias por formar parte de este movimiento. La autodisciplina se fortalece cuando compartimos lo que funciona, y tú me estás ayudando a hacerlo.

Para marcar la diferencia, simplemente vaya a donde quiera que esté leyendo este libro y deje una reseña.

Tus palabras pueden ser la chispa que encienda el viaje de otra persona.

Jordan Cross

Bonificación: Resumen y microganancias

Cada capítulo terminaba con pequeñas y poderosas acciones -Micro Ganas- que reforzaban la disciplina. Esperamos que estos consejos prácticos te hayan ayudado a integrar la autodisciplina en tu vida diaria. A continuación, encontrarás más ideas de Micro Ganas Rápidas de cada capítulo, acompañadas de un breve repaso de lo que trata el capítulo.

Capítulo 1: El código del sabotaje

Objetivo: Identificar y eliminar las fuerzas ocultas que sabotean la disciplina.

1. Identifica tus tres principales distracciones (por ejemplo, el teléfono, las redes sociales, el entorno) y elimínalas o redúcelas.

2. Establezca micro valores predeterminados: decida de antemano las opciones más comunes (por ejemplo, planifique de antemano las comidas, la ropa de trabajo o las horas de estudio).

3. Crea una fortaleza digital: desactiva las notificaciones, activa "No molestar" o elimina las aplicaciones que te hagan perder el tiempo.

4. Despeja tu escritorio o espacio de trabajo para lograr claridad mental y concentración.

5. Cuando sientas miedo o dudas, da un pequeño paso adelante inmediatamente.

Capítulo 2: La mentalidad de la micromisión

Objetivo: Reducir el campo de batalla: utilizar pequeñas victorias para ganar impulso.

1. La regla de los 10 segundos: elige una tarea y hazla durante 10 segundos inmediatamente.

2. Reduzca el objetivo en un 90%: en lugar de "escribir 500 palabras", comprométase a escribir 50. En lugar de "hacer 30 minutos de ejercicio", empieza con 3.

3. Sigue un microhábito durante 7 días - Elige un hábito y comprométete a seguirlo a diario durante una semana.

4. Añada un nuevo hábito a algo automático (por ejemplo, estirarse después de lavarse los dientes).

5. Utiliza la regla de los dos minutos: si algo te lleva menos de dos minutos, hazlo inmediatamente.

Capítulo 3: El motor sin esfuerzo

Objetivo: hacer que la disciplina sea automática, eliminar fricciones y crear sistemas sin fisuras.

1. Crea una rutina matutina de cinco minutos: diseña una rutina sencilla y repetible para empezar el día con claridad e ímpetu.

2. Si un hábito requiere demasiado esfuerzo, hágalo más fácil (por ejemplo, dormir con ropa de gimnasia para eliminar la resistencia matutina).

3. Toma de decisiones por lotes - Decide una vez, ejecuta varias veces (por ejemplo, planifica las comidas de la semana en lugar de decidir a diario).

4. Reduzca la fricción ambiental - Coloque señales en su entorno que favorezcan los buenos hábitos (por ejemplo, tenga un libro en la almohada para leer por la noche).

5. Utiliza una lista de tareas - En lugar de centrarte en una lista de tareas pendientes, escribe lo que has conseguido al final del día para reforzar el progreso.

Capítulo 4: La criptonita de la procrastinación

Objetivo: vencer a la procrastinación y convertir los plazos en aliados.

1. Establezca un plazo inverso: elija una fecha final y, a continuación, trabaje hacia atrás para dividirla en plazos más pequeños.

2. Utiliza la regla de los 5 segundos: cuando sientas el impulso de retrasarte, cuenta 5-4-3-2-1 y empieza inmediatamente.

3. Empieza con un sprint de cinco minutos - Trabaja en algo durante sólo cinco minutos: el impulso te hará avanzar.

4. Reduzca la tarea a la primera acción: en lugar de "escriba un informe", limítese a escribir la primera frase.

5. Utiliza un calendario, un diario o una aplicación para marcar el progreso diario.

Capítulo 5: Forjar la voluntad de hierro

Objetivo: Fortalecer la fuerza de voluntad dominando el malestar y la resistencia.

1. Dúchate con agua fría durante 30 segundos: entrena tu mente para mantener la calma en situaciones incómodas.

2. Haga una cosa incómoda al día - Sobrepase ligeramente sus límites (por ejemplo, mantenga el contacto visual durante más tiempo, diga no a las distracciones).

3. Cree una rutina de "restablecimiento del estrés": cuando se sienta abrumado, haga una pausa y respire profundamente tres veces antes de reaccionar.

4. Sigue una racha durante 30 días - Elige un hábito y no rompas la cadena (por ejemplo, 30 días de diario o sin azúcar).

5. Utiliza el método "¿Y si...?" - Cuando te enfrentes al miedo, pregúntate: *"¿Y si esto funciona?"* en lugar de *"¿Y si fracaso?"*.

Capítulo 6: Hábitos invisibles

Objetivo: Hacer que la disciplina no suponga un esfuerzo: transformar los hábitos en comportamientos de piloto automático.

1. Vincule un nuevo hábito a uno ya existente (por ejemplo, hacer flexiones después de lavarse los dientes).

2. Establezca una señal (alarma), una acción (ejercicio) y una recompensa (una pequeña celebración).

3. Si un hábito le parece demasiado difícil, redúzcalo a algo que le lleve dos minutos o menos.

4. Haz que el éxito sea automático - Elimina las decisiones haciendo

que la disciplina forme parte de tu identidad ("*Soy el tipo de persona que...*").

5. Califique sus hábitos semanalmente: ¿qué funciona y qué no? Ajústelos en consecuencia.

Capítulo 7: El caos como catalizador

Objetivo: convertir el estrés y la imprevisibilidad en combustible para el progreso.

1. En lugar de decir "tengo que hacer esto", di "tengo que hacer esto".

2. Limite el tiempo o los recursos para forzar la concentración (por ejemplo, 30 minutos de escritura sin correcciones).

3. Establezca una crisis controlada: póngase un plazo urgente para las tareas que necesiten motivación.

4. Practique las "interrupciones planificadas": trabaje de vez en cuando en entornos o condiciones nuevos para fomentar la adaptabilidad.

5. Utilice un ritual de recuperación: cuando la vida se vuelva caótica, tenga una rutina estructurada de restablecimiento (por ejemplo, respiraciones profundas, escribir en un diario o dar un pequeño paseo).

Capítulo 8: El secreto de escalar

Objetivo: Ampliar la disciplina sin agotarse: hacer crecer los hábitos de forma exponencial.

1. Aumente el esfuerzo un 1% cada día: si hace 10 flexiones, añada 1 más cada día. Si lees durante 10 minutos, aumenta un minuto.

2. Si meditas a diario, añade 5 minutos de estiramientos después.

3. Utilice el método de los "pequeños retoques": mejore los sistemas con pequeñas actualizaciones (por ejemplo, tareas por lotes para ahorrar tiempo).

4. Medir la mejora (por ejemplo, correr más rápido, levantar más peso, trabajar con más eficacia).

5. Enseñar refuerza el aprendizaje: ayude a alguien a desarrollar un hábito que usted ya domina.

Capítulo 9: El marco Forever

Objetivo: Mantener la disciplina de vida, evitar el agotamiento y mantener el progreso.

1. Evalúe lo que funciona y lo que necesita ajustes.

2. Cada domingo, reflexione, planifique y reajuste sus prioridades.

3. Utiliza las "temporadas bajas" para recargar pilas: tómate descansos para evitar el agotamiento y mantener la estructura.

4. Cree una "Constitución del éxito" personal: escriba sus principales hábitos, valores y principios rectores.

5. Si un día te saltas un hábito, retómalo inmediatamente.

Capítulo 10: La maestría desatada

Objetivo: Integrar plenamente la disciplina en tu identidad, convertirte en imparable.

1. Vive según la Regla de la Identidad - En lugar de *"quiero ser disciplinado"*, di "soy disciplinado".

2. Elige un hábito, proyecto o misión que tenga un impacto duradero.

3. Abandone las obligaciones que no se ajusten a su verdadera visión.

4. Enseñe un hábito a otra persona - Refuerce la disciplina compartiendo lo que ha aprendido.

5. Celebra tu maestría - Mira hacia atrás para ver lo lejos que has llegado y reconoce que nunca volverás atrás.

Referencias

Libros sobre hábitos, disciplina y cambio de conducta

Baumeister, R. F., y Tierney, J. (2011). *Willpower: Redescubriendo la mayor fuerza humana.* Penguin.

Clear, J. (2018). *Hábitos atómicos: Una forma fácil y probada de construir buenos hábitos y romper los malos.* Avery.

Duhigg, C. (2012). *El poder del hábito: Por qué hacemos lo que hacemos en la vida y en los negocios.* Random House.

Goggins, D. (2018). *No me puedes hacer daño: Domina tu mente y desafía las probabilidades.* Lioncrest Publishing.

Newport, C. (2016). *Trabajo en profundidad: Reglas para el éxito enfocado en un mundo distraído.* Grand Central Publishing.

Thaler, R. H., y Sunstein, C. R. (2008). *Nudge: Improving decisions about health, wealth, and happiness.* Yale University Press.

Estudios científicos sobre autodisciplina, procrastinación y formación de hábitos

Baumeister, R. F., Bratslavsky, E., Muraven, M., & Tice, D. M. (1998). *Ego depletion: ¿Es el yo activo un recurso limitado?* Journal of Personality and Social Psychology, 74(5), 1252-1265. https://doi.org/10.1037/0022-3514.74.5.1252

Duckworth, A. L., y Seligman, M. E. (2005). *Self-discipline outdoes IQ in predicting academic performance of adolescents.* Psychological Science, 16(12), 939-944. https://doi.org/10.1111/j.1467-9280.2005.01641.x

Gollwitzer, P. M., y Sheeran, P. (2006). *Implementation intentions and goal achievement: A meta-analysis of effects and processes.* Advances in Experimental Social Psychology, 38, 69-119. https://doi.org/10.1016/S0065-2601(06)38002-1

Mischel, W., Ebbesen, E. B., & Zeiss, A. R. (1972). *Cognitive and attentional mechanisms in delay of gratification.* Journal of Personality and Social Psychology, 21(2), 204-218. https://doi.org/10.1037/h0032198

Muraven, M., y Baumeister, R. F. (2000). *Autorregulación y agotamiento de recursos limitados: ¿Se parece el autocontrol a un músculo?* Psychological Bulletin, 126(2), 247-259. https://doi.org/10.1037/0033-2909.126.2.247

Steel, P. (2007). *La naturaleza de la procrastinación: Una revisión metaanalítica y teórica del fracaso autorregulador por excelencia.* Psychological Bulletin, 133(1), 65-94. https://doi.org/10.1037/0033-2909.133.1.65

Wood, W., y Rünger, D. (2016). *Psicología del hábito.* Annual Review of Psychology, 67, 289-314. https://doi.org/10.1146/annurev-psych-122414-033417

Principales estadísticas y estudios mencionados en el libro

- El 92% de los propósitos de Año Nuevo fracasan:

Norcross, J. C., Mrykalo, M. S., & Blagys, M. D. (2002). *Auld Lang Syne: Success predictors, change processes, and self-reported outcomes of New Year's resolvers and nonresolvers.* Journal of Clinical Psychology, 58(4), 397-405. https://doi.org/10.1002/jclp.1151

- Un 1% de mejora diaria permite multiplicar por 37 el crecimiento en un año:

Originalmente referenciado en Clear, J. (2018). *Hábitos atómicos: An easy & proven way to build good habits & break bad ones.*Avery.

- Una persona media consulta su teléfono más de 150 veces al día:

Andrews, S., Ellis, D. A., Shaw, H., & Piwek, L. (2015). *Beyond self-report: Tools to compare estimated and real-world smartphone use.* PLoS ONE, 10(10), e0139004. https://doi.org/10.1371/journal.pone.0139004

- La multitarea reduce la productividad en un 40%:

Rubinstein, J. S., Meyer, D. E., & Evans, J. E. (2001). *Executive control of cognitive processes in task switching.* Journal of Experimental Psychology: Human Perception and Performance, 27(4), 763-797. https://doi.org/10.1037/0096-1523.27.4.763

- Los entornos desordenados reducen la concentración:

McMains, S., & Kastner, S. (2011). *Interacciones de mecanismos descendentes y ascendentes en la corteza visual humana.* Journal of Neuroscience, 31(2), 587-597. https://doi.org/10.1523/JNEUROSCI.3766-10.2011

- El papel de la dopamina en la formación de hábitos y la procrastinación:

Volkow, N. D., Wang, G. J., Fowler, J. S., Tomasi, D., & Telang, F. (2011). *Addiction: Beyond dopamine reward circuitry*.Proceedings of the National Academy of Sciences, 108(37), 15037-15042. https://doi.org/10.1073/pnas.1010654108

www.ingramcontent.com/pod-product-compliance
Lightning Source LLC
Chambersburg PA
CBHW060610080526
44585CB00013B/757